Fortaleza mental para adolescentes

2 libros en 1

5 minutos de práctica al día para superar la sensación de agobio en la vida, el deporte y la escuela

Jennifer Williams

© **Copyright 2023 – Todos los derechos reservados.**

Está prohibido reproducir, copiar o transmitir el contenido de este libro sin el permiso directo y por escrito de la autora o de la editorial.

En ningún caso se podrá responsabilizar a la editorial o a la autora, ya sea directa o indirectamente, por daños, perjuicios o pérdidas económicas ocasionados por la información contenida en este libro.

Aviso legal:

Esta obra está protegida por derechos de autor. Es exclusivamente para uso personal. No se puede modificar, distribuir, vender, utilizar, citar o parafrasear cualquier parte, o el contenido de este libro, sin el permiso de la autora o de la editorial.

Nota de exención de responsabilidad:

La información contenida en este documento tiene fines exclusivamente educativos y de entretenimiento. Hemos hecho todo lo posible por presentar información precisa, actualizada, fiable y completa. No se ofrecen garantías de ningún tipo, ya sean explícitas o implícitas. El lector reconoce que la autora no se dedica a prestar asesoramiento jurídico, financiero, médico o profesional. Los contenidos de esta publicación han sido extraídos de diversas fuentes. Rogamos consultar a un profesional autorizado antes de poner en práctica cualquiera de las técnicas que se describen aquí. Con la lectura de este documento, el lector reconoce que, de ninguna manera, la autora será responsable de cualquier pérdida, directa o indirecta, que se produzca como resultado del empleo de la información contenida en este documento, incluyendo, entre otros, errores, omisiones o imprecisiones.

Tabla de Contenidos

\>\> Haz clic aquí para dejar una reseña en Amazon y ver mis otros libros \<\< 12

LIBRO 1 13

Fortaleza mental para adolescentes 13

¡Utiliza el poder de tu mente y conviértete en una versión más confiada y segura de ti mismo! 13

Introducción 14

Cómo utilizar este libro 16

Capítulo 1: Cómo la mente percibe el miedo y la ansiedad 19

Cerebro y mente: La diferencia revolucionaria que pocos conocen 19

La transformación de tu inconsciente 21

Hackea tus pensamientos para construir un futuro emocionante 24

Descubre tus miedos más profundos y presta atención a tu subconsciente 26

Conclusiones del capítulo 34

Capítulo 2: Domina tu mente y rompe el círculo negativo 36

Tu arma secreta personal: El pensamiento 36

Cómo volverte proactivo y adelantarte a tu mente 39

Las distorsiones cognitivas pueden obstaculizar tu desarrollo personal 41

Conclusión del capítulo 51

Capítulo 3: Desafía el pensamiento negativo y adquiere confianza en tu criterio 52

Cuestiona tus pensamientos negativos 52

Reestructuración de las distorsiones cognitivas 53

Recarga tus pensamientos con emociones 56

Recupera el control sobre tus bloqueos mentales 58

Conclusión del capítulo 60

Capítulo 4: Cómo la fortaleza mental puede hacerte destacar en la escuela 61

Una mentalidad positiva en la escuela y la educación 62

Cómo liberarte de la mentalidad estática y adoptar una mentalidad dinámica 64

Conclusiones del capítulo 70

Capítulo 5: Superar el rechazo y aceptar tus emociones 71

- Cinco valiosas lecciones de vida que sólo puedes aprender si fracasas. 71

Rechazo = Reorientación 71

Cómo aprender del fracaso y volver a levantarte 73

Conclusiones del capítulo 77

Capítulo 6: Rechaza la necesidad de rendirte 78

No te rindas 78

Controla tus comportamientos 83

Conclusión del capítulo 86

Capítulo 7: CAPÍTULO EXTRA: Mantente firme al tratar con personas difíciles 87

Cómo vincularte con personas difíciles 87

Desarrolla empatía y comprensión 89

Establece límites de forma clara y eficaz 92

Di "no" a las acciones y comportamientos inaceptables 93

Conclusiones del capítulo 99

Conclusión 101

LIBRO 2 102

Fortaleza mental para adolescentes........................102

¡Cómo desarrollar una mentalidad, un carácter y una personalidad resilientes libre de temores, estrés y ansiedad! 102

Introducción 103

La mentalidad "Soy posible" 104

Cómo utilizar este libro 105

Capítulo 1: La fortaleza mental y la resiliencia 107

La extraordinaria historia de la roca de Sísifo....................110

Cómo una mente resiliente te garantiza un futuro pleno y sin estrés 112

Señales de que te estás convirtiendo en una versión valiente y resiliente de ti mismo 113

5 métodos tradicionales para desarrollar una resiliencia mental estoica... 115

Conclusiones del capítulo..125

Capítulo 2: Cómo manejar tus emociones y afrontar los retos de la vida con confianza 126

Dominio emocional 126

Autogestión 131

Comprende a los demás y construye conciencia social 133

Cómo hacer que tus relaciones sean siempre prósperas 136

Conclusiones del capítulo..138

Capítulo 3: La ciencia de cambiar tu vida mediante hábitos cotidianos 139

Simplifica el proceso de creación de hábitos duraderos.....139

Introducción al bucle del hábito.. 141

Cómo elegir qué hábitos mantener y cuáles abandonar.....145

Conclusiones del capítulo..152

Capítulo 4: Desbloquea el compromiso inquebrantable y acércate cada día más a tus objetivos 153

Adquiere el sentido de autodominio 153

Destruye el miedo a no saber lo que quieres......................156

Conclusiones del capítulo..162

Capítulo 5: Cómo establecer y fijar objetivos 164

Objetivos SPORT..164

Crea nuevos hábitos, estimula tu crecimiento 180

Conclusiones del capítulo..184

Capítulo 6: Combina lo mejor de dos mundos: Esfuerzo y talento 185

Resuelve de una vez por todas la abrumadora pregunta: ¿Esfuerzo o talento? 185

Cómo reconocer tus talentos y darles vida........................188

5 consejos para descubrir tu potencial oculto 193

Conclusión del capítulo...196

Capítulo 7: En qué consiste el esfuerzo 197

En qué consiste el esfuerzo 197

5 consejos para ser un trabajador comprometido y apasionado 199

Conclusión del capítulo.. 204

Capítulo 8: CAPÍTULO EXTRA: Desarrolla la autodisciplina y apégate a tus objetivos 205

Autodisciplina y logro de objetivos 205

Conclusiones del capítulo..216

Conclusión... 217

Gracias 220

>> Clic aquí para dejar una reseña en Amazon y ver mis otros libros <<... **220**

Referencias **221**

Tus regalos ¡gratis!

Entre toda la literatura disponible sobre el tema, has elegido ésta. Muchas gracias. Como forma de agradecimiento, ofrezco valiosos recursos adicionales GRATIS para mis lectores.

10 presentaciones en video, 10 libros de trabajo, 10 libros electrónicos, 10 fichas de control, 10 archivos de audio, 10 listas de control, 10 mapas mentales.

Descubre estrategias comprobadas para lidiar con el trauma, el resentimiento, el fracaso, la decepción, la falta de autocontrol, la ausencia de sentido, las crisis existenciales, la falta de arraigo, los grandes cambios y los momentos estresantes con acceso GRATUITO a mis 10 cursos.

Cada uno incluye una presentación en video, un libro de trabajo, un libro electrónico, una hoja de ejercicios, una lista de verificación, un archivo de audio y un mapa mental, valorados en más de $9,000.

¡Accede a estrategias y herramientas de eficacia comprobada para incrementar hoy mismo tu paz interior y tu bienestar!

Para obtener acceso gratuito de inmediato, ve a:

learnfromjenwilliams.com/Jen-Free-Gifts

Curso gratuito 1 - 10 Estrategias exitosas para enfrentar traumas y eventos traumáticos. ¡Incluye video presentación, libro de trabajo de 35 páginas, ebook, hoja de control, lista de comprobación, archivo de audio y mapa mental! **Valor mínimo: $1,897.** ¡Te lo llevas GRATIS!

Curso gratuito 2 - 10 Estrategias exitosas para lidiar con cambios importantes cuando la vida se vuelve cuesta abajo. ¡Incluye video presentación, libro de trabajo de 77 páginas, libro electrónico, hoja de control, lista de verificación, archivo de audio y mapa mental! Valor mínimo: $699. ¡Te lo llevas GRATIS!

Curso gratuito 3 - 10 Estrategias de afrontamiento exitosas para combatir los resentimientos están arruinando tu paz interior. ¡Incluye video presentación, libro de trabajo de 62 páginas, libro electrónico, hoja de control, lista de verificación, archivo de audio y mapa mental! **Valor Mínimo: $836.** ¡Te lo llevas GRATIS!

Curso gratuito 4 - 10 Estrategias de afrontamiento exitosas cuando sientes que tu vida está fuera de control. ¡Incluye video presentación, libro de trabajo de 46 páginas, libro electrónico, hoja de control, lista de verificación, archivo de audio y mapa mental! *Valor mínimo: $679.* ¡Te lo llevas GRATIS!

Curso gratuito 5 - 10 Estrategias exitosas para cuando sientes que tu vida no tiene sentido ni propósito. ¡Incluye video presentación, libro de trabajo de 71 páginas, libro electrónico, hoja de control, lista de verificación, archivo de audio y mapa mental! *Valor mínimo: $592.* ¡Te lo llevas GRATIS!

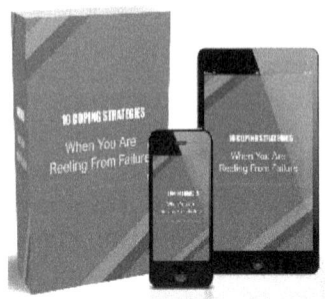

Curso gratuito 6 - 10 Estrategias exitosas para sobrellevar el fracaso. ¡Incluye video presentación, libro de trabajo de 64 páginas, libro electrónico, hoja de control, lista de verificación, archivo de audio y mapa mental! *Valor mínimo: $992.* ¡Te lo llevas GRATIS!

Curso gratuito 7 - 10 Estrategias exitosas para sobrellevar una crisis existencial. ¡Incluye video presentación, libro de trabajo de 80 páginas, libro electrónico, hoja de control, lista de verificación, archivo de audio y mapa mental! *Valor mínimo: $571.* ¡Te lo llevas GRATIS!

Curso gratuito 8 - 10 Estrategias de afrontamiento exitosas para cuando has perdido tu centro y no te sientes con los pies en la tierra. ¡Incluye video presentación, libro electrónico, ficha de control, lista de verificación, archivo de audio y mapa mental! *Valor mínimo: $392.* ¡Te lo llevas GRATIS!

Curso Gratuito 9 - 10 Estrategias exitosas para lidiar con grandes decepciones en tu vida. ¡Incluye video presentación, libro de trabajo de 88 páginas, libro electrónico, hoja de control, lista de verificación, archivo de audio y mapa mental! *Valor mínimo: $1,043.* ¡Te lo llevas GRATIS!

Curso Gratuito 10 - 10 Estrategias exitosas para sobrellevar el agobio y los tiempos abrumadores. ¡Incluye video presentación, libro de trabajo de 43 páginas, libro electrónico, hoja de control, lista de verificación, archivo de audio y mapa mental! *Valor mínimo: $1,362.* ¡Te lo llevas GRATIS!

Antes de comenzar, me gustaría pedirte un pequeño favor.

Cuando termines de leer el libro, ¿podrías publicar una reseña en la plataforma? La publicación de una reseña es increíblemente valiosa para una autora independiente como yo y me ayudará a continuar escribiendo. Muchas gracias. ¡Lo apreciaré mucho!

Simplemente sigue el enlace a continuación.

>> **Haz clic aquí para dejar una reseña en Amazon y ver mis otros libros** <<

LIBRO 1

Fortaleza mental para adolescentes

¡Utiliza el poder de tu mente y conviértete en una versión más confiada y segura de ti mismo!

Jennifer Williams

Introducción

No esperes a que todo sea perfecto. Nunca lo será. Siempre surgirán retos, obstáculos y condiciones imperfectas. ¿Y qué? Comienza ahora. Con cada paso que des, te harás más y más fuerte, más y más hábil, más y más seguro de ti mismo y más y más exitoso.

- Mark Víctor Hansen

¿Estás cansado de sentirte débil y sin confianza en ti mismo? ¿Quieres aprovechar el poder de tu mente y ser una persona mentalmente más fuerte y segura de sí misma?

¡No busques más!

En este libro encontrarás consejos prácticos y estrategias que te permitirán liberar todo tu potencial y alcanzar tus objetivos. Desde cómo controlar los pensamientos negativos, hasta el establecimiento de objetivos alcanzables, descubrirás la manera de desarrollar una mentalidad positiva y convertirte en la versión más fuerte de ti mismo. He descartado lo superficial y sólo te he traído lo esencial. He eliminado la información irrelevante para ofrecerte una solución concisa y eficaz.

Aprenderás a superar tus pensamientos negativos y a adoptar una actitud segura y firme ante la vida. Ya seas deportista, estudiante o simplemente alguien que busca mejorar su fortaleza mental, este libro es para ti.

Cubriré una amplia variedad de técnicas, estrategias y ejercicios que te ayudarán a desarrollar una mentalidad positiva, aumentar el conocimiento de ti mismo y potenciar tu autoestima. Al seguir los consejos y estrategias que se describen aquí, podrás descubrir una nueva forma de fortaleza mental y confianza en ti mismo. Así estarás mejor preparado para superar los obstáculos y alcanzar tus objetivos, sin importar lo que te depare la vida.

Resulta innegable la fuerza de la mente cuando hablamos de éxito y crecimiento personal. Siempre hemos oído el dicho: "La mente prevalece sobre la materia", y no puede ser más cierto. Nuestras ideas y creencias influyen profundamente en nuestras vidas, y una mentalidad fuerte y positiva nos puede ayudar a superar obstáculos, conseguir nuestros objetivos y vivir una vida plena.

Al final de este libro, en el capítulo extra, te mostraré técnicas prácticas y efectivas para afrontar conflictos, comunicarte eficazmente y mantener una actitud positiva ante la adversidad. Se acabaron los sentimientos de frustración y estrés. Desarrollarás un enfoque seguro y poderoso para lidiar con personas difíciles.

Una mentalidad fuerte puede ayudarte a superar obstáculos, alcanzar tus objetivos y tener una vida plena. ¡Con este libro aprenderás a utilizar el poder de tu mente y te convertirás en una versión más segura y menos ansiosa de ti mismo en el deporte, la escuela y en la vida!

Cómo utilizar este libro

En ocasiones contemplo a mis dos hijos adolescentes y rezo en silencio por ellos. Lo cierto es que estamos viviendo los momentos más difíciles de la historia, en los cuales la violencia, la perversión y las presiones sociales constituyen algunos de los desafíos que deben afrontar nuestros hijos.

Con esto no quiero decir que cuando yo era adolescente no hubieran existido estos problemas de índole social. Pero crecimos en una época en que la sociedad todavía era conservadora y se guiaba por valores tradicionales. Aunque yo tenía problemas de autoestima debido a la presión de mis compañeros, las redes sociales no lo exageraban todo. No tuve acceso a contenidos tóxicos en Internet que me hicieran dudar de mí misma.

Por lo tanto, una parte de mí se identifica con los desafíos a los que se enfrentan mis dos hijos adolescentes modernos, mientras que otra se imagina el estrés, la ansiedad y las tentaciones con las que tienen que lidiar cada día.

Soy madre, profesora y entrenadora de niños deportistas, y por eso me apasiona fomentar la autonomía de los jóvenes. Ya sé que sonará estereotipado, pero realmente considero que los jóvenes son el futuro de nuestro país y del mundo entero. Personalmente, es mi responsabilidad asegurarme de que las generaciones que vendrán estén preparadas para enfrentarse y superar los desafíos mentales, emocionales y físicos de esta época moderna. Por eso he escrito este libro, para que los adolescentes de hoy en día sepan lo que significa la fortaleza mental.

Existen muchos términos para referirse a ella, como resiliencia, disciplina mental, mentalidad ganadora o espíritu de superación. Todos ellos describen la capacidad de superar cualquier contratiempo y continuar avanzando.

La fortaleza mental es el refugio que te ayuda a sobreponerte a las dificultades. No hace desaparecer tus problemas, pero puede lograr que parezcan menos agobiantes.

En otras palabras, recuperarás el control de tu vida y lograrás ser un triunfador: una persona a la que los altibajos de la vida no pueden sacudir ni desalentar.

El valor de este libro se esconde en los ejercicios prácticos y las técnicas paso a paso que aprenderás. Sin comprometerte a practicar estos ejercicios, te resultará difícil desarrollar la fortaleza mental. Para tener éxito en cualquier cosa en la vida es necesario trabajar duro y lo mismo sucede con el aprendizaje de habilidades vitales como la resiliencia y la autodisciplina. Lo que aprendas en este libro puede cambiarte la vida, pero únicamente si pasas a la acción.

El secreto de la transformación está en aplicar la información en lugar de limitarte a leerla. Si estás listo para aprender lo que supone ser mentalmente fuerte y sobreponerte a los retos modernos de esta época, ¡sigue leyendo!

Capítulo 1: Cómo la mente percibe el miedo y la ansiedad

Lo que siembres en tu subconsciente lo cosecharás en tu cuerpo y tu entorno.

- Joseph Murphy

En este capítulo aprenderás:

- La diferencia entre el subconsciente y la mente consciente.
- La importancia de una programación subconsciente saludable.
- Cuatro técnicas terapéuticas que te permitirán explorar tu subconsciente.

Cerebro y mente: La diferencia revolucionaria que pocos conocen

Los términos mente y cerebro se emplean frecuentemente para hacer referencia a lo mismo: la materia gris de un kilo que tenemos entre las orejas. Pero en realidad son dos entidades diferentes, aunque relacionadas.

Seguramente hayas aprendido sobre el cerebro en la clase de Biología. La manera más sencilla de describir el cerebro consistiría en decir que es un órgano cubierto por el cráneo que te ayuda a respirar, caminar, hablar y pensar. Los expertos que principalmente se dedican a estudiar el cerebro son los neurocientíficos. Gracias a sus estudios e informes, son capaces de decirnos cuáles son las funciones corporales o las reacciones humanas afectadas por las distintas regiones cerebrales.

Gracias a los escáneres cerebrales, son capaces de detectar, entre otras cosas, si el cerebro no recibe, procesa, guarda patrones o almacena información adecuadamente. Y dado que el cerebro y el cuerpo están conectados a través de los nervios, los neurocientíficos pueden también atribuir una mala salud cerebral a una dieta inadecuada, a la hipertensión, a la falta de horas de sueño necesarias o a no realizar suficiente ejercicio físico. El cuidado de tu cerebro se resume en hacer ciertos cambios saludables en tu estilo de vida y disminuir la cantidad de estrés a la que te expones.

Si todo lo que he dicho hasta ahora hace referencia al cerebro, ¿qué es la mente exactamente? No es un órgano físico que pueda verse o tocarse. Es la psique humana y capta la información procesada por el cerebro para interpretarla como pensamientos, sentimientos, recuerdos, creencias y comportamientos. Se puede considerar que es la parte no física del cerebro que genera experiencias humanas y le da sentido a la vida. Nuestro cerebro no entiende lo que es correcto o incorrecto, bueno o malo. No puede ayudarnos a tomar decisiones correctas o a cambiar nuestro punto de vista respecto a determinadas situaciones. Desde el punto de vista evolutivo, las funciones cerebrales son bastante básicas. Además de recibir, procesar, registrar patrones y almacenar información, sus capacidades son limitadas. Pero cuando se emplea en combinación con la mente, esa información que se recibe a través de los sentidos, se transforma en pensamientos y sentimientos.

El motivo por el cual es importante que sepas que el cerebro y la mente son dos entidades separadas, es que esto puede mejorar el modo en que gestionas las tareas y las emociones. Por ejemplo, cuando tengas un sentimiento de frustración, entenderás que se trata de una vivencia producida por la mente, basándose en información que ha sido procesada, registrada y almacenada por el cerebro. Dicho de otro modo, un sentimiento no es algo que surge de la nada. Su origen se encuentra en la información recibida de tu entorno.

La transformación de tu inconsciente

Hasta el momento, sabes de dónde proceden tus pensamientos. Pero ha llegado el momento de profundizar un poco más y descubrir cómo se produce el pensamiento en la mente. Los términos "consciente" y "subconsciente" son utilizados en el campo de la psicología para describir estados mentales. Cada uno de los estados mentales tiene un propósito único, y no hay uno superior al otro. La diferencia principal entre ambos está en las funciones humanas básicas que controla cada uno y en la forma en que guían los procesos de aprendizaje.

El consciente es la parte de la mente que está atenta a lo que ocurre en el presente. Permite pensar con rapidez, tomar decisiones, tener ideas y resolver problemas de inmediato. La atención, el razonamiento lógico y los procesos de racionalización, son todas funciones propias del consciente.

Puesto que esta parte de la mente es capaz de darse cuenta de lo que ocurre en cada momento, es la encargada de interpretar las señales, imágenes, palabras y acciones procedentes del entorno mediante los cinco sentidos y de transmitir los mensajes al subconsciente.

El subconsciente es la parte de tu mente que está inactiva o "dormida". Su función no es gestionar las tareas cotidianas y la toma de decisiones como lo hace el consciente, sino que interpreta la información que recibes cada día. Según la programación que utilice el subconsciente para interpretar la información, como recuerdos del pasado, hábitos, creencias y valores, o traumas no resueltos, la respuesta que transmitirá al consciente podrá ser positiva o negativa.

Una forma sencilla de explicar en qué consiste este fenómeno, es a través del funcionamiento de un sitio web. Pensemos que el subconsciente es el código que alimenta el sitio ("consciente"). Los usuarios que visitan la página web no ven el código, pero sí ven los gráficos, los banners y otras funciones que el código ha creado. Lo mismo sucede con tu subconsciente. Aunque no seas consciente de lo que ocurre en tu subconsciente (y de las creencias, hábitos, recuerdos o traumas que contribuyen a interpretar la información), podrás ver el funcionamiento de tu subconsciente en tus acciones y respuestas ante las situaciones de la vida cotidiana.

La relación entre el consciente y el subconsciente normalmente crea un dilema: en ocasiones, no interpretamos la información que recibimos a través de los cinco sentidos tal y como es, sino que lo hacemos a través de la programación subconsciente. Por eso, no es infrecuente que tus reacciones ante determinadas situaciones de la vida no se correspondan con lo que realmente ocurre.

Si por ejemplo el ladrido de un perro te produce ansiedad, es posible que se deba más a tu programación subconsciente que al ladrido en sí. Después de todo, el ladrido solo parece peligroso si tienes un recuerdo negativo de haber sido atacado por un perro. Una persona que no tenga ese tipo de asociación negativa con el ladrido de un perro seguramente no reaccione con miedo al escuchar ese sonido.

La programación subconsciente también puede influir en la percepción que tienes de ti mismo, en tus creencias acerca de la vida y en tu forma de relacionarte con los demás. Si tu programación es sana (es decir, si tus hábitos, creencias, recuerdos y valores son saludables), desarrollarás una autoestima positiva y te mostrarás más abierto a correr riesgos y a establecer relaciones positivas con los demás.

Sin embargo cuando tu programación no es saludable, tu percepción de ti mismo y de la realidad se empaña con creencias y hábitos negativos que hacen que la vida te resulte intimidante y pienses mal de ti mismo y de los demás. Para controlar tu mente, lo primero que tienes que hacer es evaluar el tipo de programación subconsciente que tienes. La transformación personal suele empezar aquí, en el subconsciente. Cuando hayas reprogramado tu subconsciente, tus acciones y respuestas ante la vida cambiarán de forma natural y se reflejará la calidad de tu programación renovada.

Hackea tus pensamientos para construir un futuro emocionante

Probablemente hayas oído hablar de los criminales cibernéticos conocidos como hackers. Son unos genios de la programación que utilizan sus increíbles conocimientos informáticos para introducirse en los sistemas de las computadoras y robar, destruir o manipular información. Una vez dentro de un sistema, son capaces de acceder a datos confidenciales que las personas y las empresas no quieren que nadie conozca.

"Hacking" también es un término empleado en el campo de la psicología para referirse al acceso al subconsciente. Si te paras a pensarlo, sólo es posible acceder a esta parte de la mente que se encuentra en el inconsciente, evitando al consciente y transitando por caminos mentales por los que nadie ha pasado antes.

En este libro, te enseñaré varias estrategias para hackear tu subconsciente y poder ajustar tu forma de pensar y desarrollar tu fortaleza mental. Trabajaremos principalmente en el nivel subconsciente porque es aquí donde empieza la verdadera transformación. Si quieres cambiar tu forma de pensar, tienes que empezar por modificar tus modelos de pensamiento, y esto sólo se puede conseguir hackeando a tu subconsciente.

Muchas personas no pensarían en resolver problemas mentales y emocionales a nivel subconsciente. Se preguntan, "¿por qué hackear el subconsciente si puedes leer un libro fortalecedor, escuchar un sermón de tus padres o un podcast? Pero lo cierto es que a menos que cambies o ajustes tu programación subconsciente, los mismos pensamientos, sentimientos y comportamientos negativos que desaparecen mientras lees un buen libro volverán a aparecer y dejarás el libro.

Descubre tus miedos más profundos y presta atención a tu subconsciente

Antes de profundizar en las estrategias, tengo que hacer una advertencia. Hackear el subconsciente no es tan glamoroso como parece. En cuanto comiences a profundizar más y más en tu mente, es muy probable que rememores antiguos recuerdos dolorosos, temores de la infancia, secretos que habías olvidado y todo tipo de pensamientos o emociones perturbadoras que habías reprimido hace muchos años.

Al escarbar en esos recuerdos, es normal que empieces a sentirte con ganas de llorar, enojado, confuso o incómodo. También es frecuente adoptar un estado mental reflexivo, durante el cual piensas en el recorrido de tu vida y en los distintos momentos que le han dado sentido.

Para que tu mente se mantenga abierta, tranquila y equilibrada mientras profundizas en tu subconsciente, puedes poner en práctica técnicas terapéuticas específicas diseñadas para ayudarte a reflexionar, incrementar la conciencia y plasmar lo que surge en tu mente. Asimismo, pueden ayudarte a comprender y regular las emociones intensas que surgen durante el proceso. A continuación, te presentamos cuatro técnicas terapéuticas que aparecerán constantemente a lo largo de la lectura de este libro.

1. *Técnicas de respiración profunda para la ansiedad*

La respiración profunda, también llamada respiración diafragmática, constituye una técnica que reduce el estrés y la ansiedad, disminuye la tensión arterial y provoca una sensación de relajación. Cuando estás desbordado por las emociones, lo normal es que tu ritmo cardíaco se acelere y tu presión arterial se dispare, lo cual puede hacerte sentir ansioso. También puedes observar que el ritmo de tu respiración cambia: respiras de forma más corta e irregular en lugar de hacerlo lenta y profundamente.

El objetivo de la respiración profunda, es enlentecer intencionadamente la respiración para que el cuerpo pueda volver a su estado normal y tranquilo. Uno de los ejercicios básicos de respiración profunda que se pueden practicar cada vez que se desee estar tranquilo es el de respiración encajonada.

Las instrucciones son las siguientes:

- Siéntate en una silla o permanece de pie.
- Exhala lentamente por la boca, expulsando todo el aire que puedas de los pulmones.
- Imagina una caja con cuatro lados iguales.

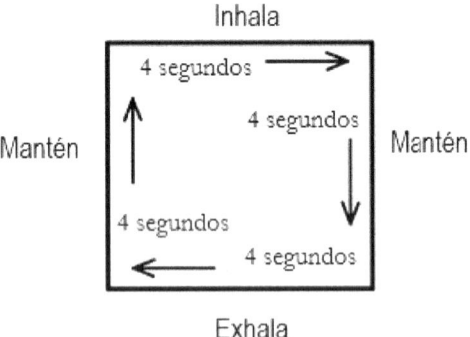

- Inhala por la nariz y cuenta hasta cuatro lentamente. Mientras cuentas, imagina que avanzas a lo largo de la parte superior de la caja (moviéndote horizontalmente).
- Aguanta la respiración otras cuatro veces. Imagínate bajando por la caja (hacia abajo).
- Suelta el aire lentamente por la boca durante otras cuatro repeticiones, esta vez avanzando por la parte inferior de la caja (en horizontal).
- Por último, mantén la respiración durante cuatro segundos e imagina que subes por un lado de la caja hasta completarla (subiendo).
- Repite la secuencia dos o tres veces.

2. Meditación para ayudarte a crecer y ganar claridad

Uno de los mejores métodos para aumentar la autoconciencia y acceder al subconsciente, es la meditación. Originalmente, en las tradiciones orientales, la meditación se empleaba como ejercicio espiritual para incrementar la conciencia. Con el transcurso de los siglos, ha sido adaptada a las tradiciones occidentales y empleada como herramienta psicológica para reducir el estrés y la ansiedad, favorecer la concentración y potenciar la conciencia de los pensamientos y sentimientos. El acto meditativo de conectar con tu mundo interior, es lo que te permite analizar tu mente y percibir los pensamientos, creencias, emociones y recuerdos que se encuentran a tu alrededor.

Más abajo encontrarás un esquema básico de meditación que puedes practicar si quieres familiarizarte con su estructura. Puedes grabarte recitando esta secuencia con voz lenta y suave, después aislarte en una habitación tranquila y escuchar la grabación.

- Colócate en una posición cómoda, sobre el suelo o en una silla.
- Asegúrate de que la columna está bien estirada, los hombros caídos y los brazos colgando relajadamente a los lados.

- Cierra los ojos y comienza a respirar de forma normal. Concéntrate en tu respiración hasta que no haya ninguna distracción mental.

- Cuando estés listo, inicia el ejercicio de respiración encajonada. Imagínate que tu respiración recorre el perímetro de una caja. Inhala durante cuatro segundos, sostén la respiración durante cuatro segundos, exhala durante otros cuatro segundos y cierra la caja reteniendo la respiración durante cuatro segundos.

- Fíjate en el ritmo de tu respiración. ¿Se mantiene constante o es irregular? Ahora, observa la velocidad de tu respiración. ¿Dirías que es lenta o rápida?

- Percibe las sensaciones corporales que circulan por tu cuerpo. ¿De dónde provienen? ¿Son intensas o sutiles?

- Si hay alguna molestia o tensión en tu cuerpo, enfoca tu respiración en esa zona. Cuando exhales, imagina que la respiración se dirige hacia esa zona y produce un alivio inmediato. Repite esto tantas veces como necesites.

- Finalmente, acepta los buenos sentimientos y libérate de los pensamientos y sentimientos negativos mediante la respiración.

- Inhala e imagínate incorporando una emoción o un deseo positivos, como paz o relaciones armoniosas. Permite que la respiración llegue hasta el vientre y retenla unos segundos.

- Cuando exhales, imagina que expulsas todo el miedo, la ansiedad o el estrés que circulan por tu cuerpo. Sentirás que la fuerza de la negatividad asciende desde los pulmones y sale por tu boca. Repítelo tantas veces como lo necesites.

- Para terminar la meditación, vuelve a respirar con normalidad. Mueve los dedos de los pies y estira los dedos de las manos para volver a recuperar la sensibilidad corporal. Abre los ojos y siéntate durante unos segundos más en silencio antes de levantarte.

3. Afirmaciones positivas

Las afirmaciones positivas son frases intencionadas que tu subconsciente interpreta como órdenes. Con el paso del tiempo, estas frases son capaces de adecuar tu programación subconsciente y cambiar la forma en que piensas y te ves a ti mismo y a los demás. La clave para crear afirmaciones eficaces, es hablar en términos definitivos, como "Yo soy", ya que esto hace que la mente crea que lo que estás diciendo está ocurriendo en ese preciso momento.

Para habituarte a pronunciar afirmaciones positivas, tómate 15 minutos, por la mañana o por la noche, para leer tu lista. También puedes grabarlas y escuchar la grabación, repitiéndolas después, o bien mirarte en un espejo y decirlas en voz alta. Las mejores frases son las que se te ocurren a ti. De todos modos, a continuación, te ofrecemos una lista para que te inspires.

- Me siento seguro de mí mismo.
- Yo establezco el ritmo de mi vida.
- Me enorgullezco de mí mismo.
- Todo error es una oportunidad de aprendizaje camuflado.
- Yo valgo mucho.
- Yo puedo pedir ayuda.
- Me merezco una buena vida.
- Estoy haciendo lo mejor que puedo.
- Soy cada día más fuerte y más sabio.
- Soy dueño de mis emociones y pensamientos.
- Merezco ser amado.
- Soy muy optimista acerca del presente.
- Soy capaz de atraer las oportunidades.
- Tengo el apoyo amoroso de la comunidad.

- Amo intensamente mi vida.

4. *Cómo registrar tus pensamientos en un diario*

¿Recuerdas la época en la que todos tenían un diario y escribían jugosas historias sobre sus amistades y su vida sentimental? En la actualidad, los diarios no se usan para compartir chismes, sino como herramienta para desahogarse, expresar sentimientos complicados o meditar sobre creencias y recuerdos de la infancia.

Simplemente el acto de escribir ya es terapéutico. En cuanto el bolígrafo toca el papel y te permites sincerarte compartir lo que piensas y sientes, alivias el estrés y la ansiedad. Ser vulnerable con tus experiencias vitales te permite conocer mejor tus deseos ocultos, las heridas emocionales, los miedos y las creencias. Con el paso del tiempo, al leer lo que hayas escrito podrás identificar patrones del pasado y la forma en que pueden aparecer actualmente.

Hay quienes prefieren escribir sobre el primer tema o pensamiento que le viene a la mente, mientras que otros utilizan sugerencias para respuestas más orientadas. Aquí tienes algunos consejos para empezar a escribir en tu diario.

- Cuando te miras en el espejo, ¿qué ves?
- ¿Cuál es tu recuerdo favorito de la infancia?

- Si pudieras retroceder en el tiempo, ¿a qué año volverías y por qué?
- ¿Cómo te describirías a ti mismo?
- ¿Qué te impulsa a levantarte cada mañana?
- ¿Quiénes son las personas que más te importan y por qué?
- Si el dinero no fuera un factor decisivo, ¿qué tipo de estilo de vida llevarías?
- ¿Qué valores consideras más importantes en tu vida?
- Termina la frase: Cuando me siento desanimado, me levanto por...
- Termina la frase: El lugar donde me siento más seguro es...

Conclusiones del capítulo

- Muchas veces se piensa que el cerebro y la mente son lo mismo, pero no es así. El cerebro es el encargado de recibir, registrar y almacenar la información, y la mente la interpreta y extrae su significado.
- La manera en que tu mente interpreta la información es lo que determina cómo piensas, qué crees y cómo te comportas. Los actos negativos y la adopción de decisiones equivocadas son consecuencia de una

programación subconsciente perjudicial que distorsiona la información que llega a tu mente.

- La única solución para cambiar tu mentalidad y actualizar tus patrones de pensamiento es hackear tu subconsciente y cambiar o ajustar tu programación. Este libro te enseñará varias formas de hacerlo, por lo que no te preocupes, ¡estás en buenas manos!

En el siguiente capítulo, aprenderás más acerca de los patrones de pensamiento negativo; cómo se forman y las distintas maneras en las que pueden influir en tus creencias, actitudes y comportamientos.

Capítulo 2: Domina tu mente y rompe el círculo negativo

El miedo empieza en la mente y genera emociones. Si se lo permites, un pensamiento atemorizante te llevará hacia otro.

–Sadie Robertson

En este capítulo aprenderás:

- Los diferentes tipos de patrones de pensamiento y lo que sucede cuando tienes pensamientos negativos.
- Cómo identificar y romper el ciclo del pensamiento negativo.

Tu arma secreta personal: El pensamiento

Los pensamientos constituyen representaciones mentales del mundo exterior. Según lo que el subconsciente intente comprender, el pensamiento puede tomar la forma de una idea, una opinión o una creencia.

Por su naturaleza, los pensamientos son subjetivos porque están creados desde tu perspectiva. Pero dependiendo de cómo veas una situación, pueden ser racionales o irracionales, estar basados en hechos o en emociones.

Nuestra mente adopta distintos modelos del pensamiento, conocidos como patrones. Estos patrones pueden ser simples, como la percepción, o más complejos, como el pensamiento crítico. Para que puedas comprenderlos mejor, a continuación, te ofrecemos una lista de cinco patrones de pensamiento.

1. *Percepción*

La percepción hace referencia a tu idea de la realidad, en base a tus experiencias vitales previas. Por ejemplo, es probable que sientas ansiedad antes de presentarte a un examen de ciencias porque crees que vas a fallar. Lamentablemente, este tipo de pensamiento no te permite ver el punto de vista de otra persona porque está basado exclusivamente en tus percepciones.

2. *Pensamiento abstracto*

A diferencia de la percepción, es un tipo de pensamiento más amplio y flexible. Consiste en explorar diferentes ideas y conceptos sobre la vida, traspasar los límites mentales y perseguir un conocimiento superior. Cuando adoptas conceptos abstractos, sales conscientemente de tu zona de confort y conoces diferentes perspectivas que podrían cuestionar la forma en la que entiendes la vida.

3. Pensamiento reflexivo

El pensamiento reflexivo es uno de los más utilizados durante el proceso de cambio de la programación subconsciente. Esto es así porque se concentra en comprender las experiencias pasadas registradas en la mente. Intenta explicar los acontecimientos pasados, evaluar el impacto emocional, valorar las ventajas y desventajas y crear un sentido para poder entenderte mejor a ti mismo y a los demás.

4. Pensamiento creativo

Como dijo Albert Einstein: "Locura es hacer lo mismo una y otra vez y esperar resultados diferentes". Para solucionar problemas complicados, Einstein sabía que la creatividad -y un toque de imaginación- eran necesarios. El pensamiento creativo, al igual que el pensamiento abstracto, cuestionan cómo son las cosas y buscan nuevas formas de resolver viejos problemas.

5. Pensamiento crítico

Lo opuesto de la percepción es el pensamiento crítico. Se trata de dejar al margen las opiniones y creencias y examinar detenidamente los hechos para resolver los problemas. Las habilidades necesarias para pensar críticamente son la capacidad de procesar, analizar y obtener patrones basados en la información para alcanzar una conclusión objetiva.

Volviendo al ejemplo de la ansiedad ante un examen de ciencias, el pensamiento crítico exigiría encontrar pruebas objetivas de que ya has fallado en un examen de ciencias que validasen tu creencia limitante. Si no encuentras pruebas de que has fallado, la creencia se considerará equivocada.

Como puedes ver, el modelo de pensamiento que utilizas es el que determina cómo interpretas el mundo que te rodea. En ocasiones, puedes interpretar los acontecimientos de la vida desde tu propia perspectiva parcial, que puede impedirte ver el panorama general. Otras, puedes hacerlo con la sabiduría adquirida al reflexionar sobre experiencias vitales pasadas.

Lo que intento decir es que la forma en que piensas las cosas es importante, y que conviene ser más consciente de los modelos de pensamiento que estás adoptando en cada momento.

Cómo volverte proactivo y adelantarte a tu mente

Ahora que ya conoces los distintos modelos del pensamiento, podremos adentrarnos y explorar la forma en que estos se corrompen con ideas negativas. No obstante, antes de continuar, cabe destacar que los pensamientos negativos son algo natural.

Cuando te invaden emociones que no te gustan, como la rabia, el miedo, la sospecha o la incertidumbre, es normal que asumas cosas que no son ciertas, te juzgues a ti mismo y a los demás, o que adoptes una percepción errónea de la realidad. En la mayor parte de los casos, lo único que hace falta para hacer frente a los pensamientos negativos es recordarnos a nosotros mismos que no siempre todo lo que pensamos es verdad y que, en ocasiones, nuestras emociones parecen hechos, aunque en realidad no lo sean.

Los pensamientos negativos se vuelven un problema únicamente cuando controlan tus pensamientos y hacen que veas tu vida, tus relaciones y tus capacidades desde el lado negativo. Cuando esto sucede, hay más probabilidades de que aparezcan los llamados ciclos de pensamiento negativo, también conocidos como distorsiones cognitivas.

Normalmente, el ciclo es así: El pensamiento negativo se transforma en una creencia negativa, que conduce a estrategias de afrontamiento y conductas negativas que, finalmente, terminan por reforzar el pensamiento negativo. Mientras los pensamientos negativos no sean cuestionados, el ciclo seguirá adelante.

Con el paso del tiempo, tu forma de pensar empieza a contaminarse y toda la información recibida a través de tus sentidos es interpretada por medio de una programación subconsciente negativa. Puedes llegar a percibir las relaciones sanas como peligrosas o sentir que no eres digno de amor y que tienes muchos defectos.

Lo bueno es que podrás identificar fácilmente los ciclos de pensamiento negativo si aprendes a reconocer las distorsiones cognitivas. Cuando esto ocurra, será mucho más fácil hacer frente a esos pensamientos.

Las distorsiones cognitivas pueden obstaculizar tu desarrollo personal

Una distorsión cognitiva es una alteración en la forma de pensar. Hace que veas el mundo de forma distorsionada, poco realista o desequilibrada. En vez de aceptar la realidad tal y como es, te lleva a sacar conclusiones apresuradas o a imaginar los peores escenarios posibles.

También hay que tener en cuenta que las distorsiones cognitivas suelen crear creencias engañosas que terminan por alterar nuestra forma de percibirnos como personas, a los demás o al mundo. Creer, por ejemplo, que eres una persona poco atractiva sólo porque estás soltero, puede causar problemas de autoestima. Por eso, cuando se identifican distorsiones cognitivas, es necesario reemplazarlas por pensamientos más realistas y equilibrados que contribuyan al crecimiento.

Veamos algunos ejemplos de distorsiones cognitivas y la forma en que podrían ser percibidas por tu mente.

1. Pensar en todo o nada

Pensar en todo o nada, también denominado pensar en blanco o negro, ocurre cuando consideras que una situación es muy buena o muy mala, sin punto medio. A veces se utilizan términos muy opuestos para referirse a personas o situaciones, como bueno o malo, amigo o enemigo, amor u odio. Esta forma de pensar no permite llegar a un acuerdo, dado que las circunstancias se aprecian de una sola manera.

Ejemplo: "Necesito una A en mi examen. Una B no es suficiente".

¿Se te ocurren otros ejemplos de pensamiento "todo o nada"? Escríbelos a continuación.

_____
_____
_____
_____
_____

2. Razonamiento emocional

El razonamiento emocional implica sacar conclusiones a partir de lo que sentimos, en lugar de basarnos en la verdad objetiva de la situación. Normalmente es difícil darse cuenta de que se está utilizando el razonamiento emocional porque a veces las emociones pueden parecer verdades. Si por ejemplo alguien te cae mal, es fácil que lo juzgues de mala manera y lo consideres una mala persona. Pero las emociones son poco creíbles porque son subjetivas y no nos pueden dar una imagen completa de la situación.

Ejemplo: "Me genera ansiedad hacer amigos nuevos, intentarlo podría ser peligroso".

¿Se te ocurren más ejemplos de razonamiento emocional? Escríbelos a continuación.

3. Generalización

La generalización se produce cuando damos una gran importancia a experiencias anteriores (en la mayoría de los casos, negativas) y las usamos para decidir cómo actuar ahora. La idea principal es que lo que ocurrió una vez es probable que suceda de nuevo. Pero esto no siempre es cierto. Los antiguos esquemas, creencias y experiencias sólo aparecen en tu vida actual cuando decides aferrarte a ellos.

Ejemplo: "Cuando estaba en primaria era malísimo en los deportes. No tiene sentido que practique deporte en la secundaria".

¿Se te ocurren más ejemplos de generalización? Escríbelos a continuación.

_____

_____

_____

4. Etiquetado

El etiquetado es el proceso mental natural de poner nombres y categorías a personas, lugares y situaciones. Nuestro cerebro lo hace para no tener que recordar cómo nos sentimos o cómo reaccionamos ante ciertas cosas. Pero el problema de etiquetar es que hace difícil aceptar la realidad tal y como es o relacionarnos con las personas tal y como son.

Cuando tienes una obsesión con las etiquetas, limitas la percepción que tienes de la vida, lo que dificulta aún más el cambio.

Ejemplo: "Soy un tonto. No llegaré muy lejos en la vida".

¿Se te ocurren más ejemplos de etiquetado? Escríbelos a continuación.

_____

_____

_____

_____

_____

_____

5. Sacar conclusiones precipitadas

Seguramente alguna vez habrás hablado casualmente con un amigo y le dijiste que dejara de sacar conclusiones precipitadas si intentaba adivinar lo que ibas a decir sin tener toda la información. Las conclusiones precipitadas constituyen otro tipo de distorsión cognitiva que ocurre cuando se hace una suposición negativa sin disponer de información. Si no encuentras pruebas que demuestren que esa suposición no es verdad, puede que estés convencido de que es realmente válida.

Ejemplo: "Mis padres ponen reglas en la casa como una forma de castigarme".

¿Se te ocurren más ejemplos de conclusiones precipitadas? Escríbelos a continuación.

_____
_____
_____
_____
_____

6. Filtrado mental

El filtrado mental supone centrarse en el lado negativo de una situación y dejar de lado el positivo. Esto se puede ver en la vida real, donde recuerdas fácilmente los recuerdos negativos de tu infancia, pero parece que no puedes recordar muchos recuerdos positivos. A la larga, este filtrado puede llevarnos a creer que nuestra vida sólo tiene experiencias negativas y pocas positivas.

Ejemplo: Creer que cuando eras niño siempre estabas solo, aunque tuvieses a tu lado una familia que te amaba y te apoyaba.

¿Se te ocurren más ejemplos de filtrado mental? Escríbelos a continuación.

_____

_____

_____

_____

_____

_____

7. Lectura mental

La lectura mental es parecida a sacar conclusiones precipitadas. Asumes que conoces las intenciones de una persona o el desenlace de una situación. No es posible saber lo que otra persona piensa o siente sin preguntarle directamente. En una relación, leer la mente puede generar malos entendidos y herir los sentimientos, ya que ni tú ni la otra persona tienen la oportunidad de expresar sus verdaderos pensamientos y sentimientos.

Ejemplo: Mi amigo está tardando en responder mis mensajes. Debe estar molesto conmigo.

¿Se te ocurren más ejemplos de lectura mental? Escríbelos a continuación.

_____

_____

_____

_____

8. Catastrofismo

¿Alguna vez te preocupaste por una situación y la hiciste más grande de lo que realmente era? Si es así, te has visto envuelto en una distorsión cognitiva conocida como catastrofismo. Cuando esto sucede, se agranda una situación menor y tendemos a pensar en el peor de los escenarios. Dicho de otro modo, hacemos una montaña de un grano de arena.

Ejemplo: "Ser rechazado por esa chica tan linda, arruinó mis posibilidades de enamorarme".

¿Se te ocurren más ejemplos de catastrofismo? Escríbelos a continuación.

9. Incapacidad de equivocarse

Resulta imposible saberlo todo porque sólo podemos ver el mundo a través de nuestra perspectiva y no poseemos una cantidad infinita de habilidades, conocimientos y experiencia de vida. Por eso, a veces, es normal equivocarse. Creer que siempre tienes razón, aunque no tengas experiencia en un tema concreto, es un signo de distorsión cognitiva. La forma más equilibrada de ver la vida es asumiendo que hay algo que puedes aprender de todas las personas que conoces.

Ejemplo: "Sé de lo que hablo. Mis opiniones valen más que las tuyas".

¿Se te ocurren algunos ejemplos más sobre la incapacidad de equivocarse? Escríbelos a continuación.

10. Personalización

La personalización ocurre cuando tomamos información o situaciones que no tienen nada que ver con nosotros y las convertimos en personales. Puedes suponer, por ejemplo, que un amigo no te habla porque tú has hecho algo mal o que tu novia canceló una cita porque no quiere pasar tiempo contigo.

Ejemplo: "Mi madre está estresada por tener que cuidarme".

¿Se te ocurren más ejemplos de personalización? Escríbelos a continuación.

No todos los pensamientos negativos corresponden a las distorsiones descritas anteriormente. Algunos pueden pertenecer a más de una categoría. El objetivo es que seas consciente de las distintas formas en que tus pensamientos pueden ser engañosos para no aceptarlos ciegamente como verdaderos.

Conclusión del capítulo

- Es posible escapar del círculo de pensamientos negativos. Todo lo que tienes que hacer es detenerte y evaluar tus pensamientos antes de actuar en base a ellos.

Capítulo 3: Desafía el pensamiento negativo y adquiere confianza en tu criterio

Las personas que piensan positivamente hablan y meditan continuamente acerca de las soluciones, mientras que las que piensan negativamente hablan y meditan continuamente acerca de los problemas. Concentra tu mente en las soluciones y no en los problemas.

–Brian Tracy

En este capítulo aprenderás:
- Técnicas cognitivas para afrontar los pensamientos negativos y reestructurar positivamente tu mente.

Cuestiona tus pensamientos negativos

Cuando uno es consciente de los pensamientos negativos, es mucho más fácil cuestionarlos y sustituirlos por creencias y perspectivas mucho más equilibradas. Las técnicas cognitivas son habilidades útiles que te enseñan a reajustar tu forma de pensar y a observar las circunstancias de tu vida desde una perspectiva más amplia. Toma un bolígrafo y revisa cada una de las técnicas cognitivas que se describen a continuación.

Reestructuración de las distorsiones cognitivas

Ante una situación difícil, nuestra mente intentará encontrar sentido a lo que ocurre a nuestro alrededor. Y para ello tiene que producir un pensamiento. En la mayor parte de los casos, estos pensamientos están distorsionados por la escasa información de que disponemos para ver la situación con objetividad.

Acostumbrarse a cuestionar los pensamientos puede ayudarte a identificar las distorsiones cognitivas antes de que se conviertan en creencias fijas. Este ejercicio te ayudará a identificar los distintos tipos de distorsiones cognitivas y a reemplazarlas por pensamientos equilibrados.

Observa la siguiente tabla y escribe la distorsión cognitiva correspondiente asociada a cada pensamiento. A continuación, elabora un pensamiento alternativo menos distorsionado y más basado en hechos.

Pensamiento original	Tipo de distorsión	Pensamiento alternativo

	cognitiva (Pensamiento negativo)	
"Si no voy a la fiesta, mis amigos no volverán a hablarme."		
"Sé perfectamente de lo que hablo. No necesito escucharte."		
"O me eligen para jugar en la liga, o no jugaré nunca más."		
"Me siento excluido porque nadie me habla."		

"Es mi culpa que mis padres no se hablen."		
"Cuando me abrí a alguien me rompieron el corazón. No me parece seguro abrirme de nuevo."		
"Soy el más tonto de la clase."		
"Mi vida siempre fue un caos Las cosas nunca me salen bien."		
"Si realmente se preocupase por mí, me hubiese preguntado si estaba bien."		

Recarga tus pensamientos con emociones

Las emociones fuertes a veces pueden provocar ciertos pensamientos que intensifican cómo te sientes. Cada vez que notes un cambio en tu estado de ánimo, fíjate también en los cambios en tus pensamientos. Registra los cambios en un diario, para poder hacer un seguimiento de tus patrones de pensamiento.

Observa las siguientes tablas y conoce los diferentes pensamientos que provocan las emociones fuertes. No dudes en incluir tus propios pensamientos en donde dice "Otros".

Cuando me siento **DEPRIMIDO**, pienso…
Soy un fracaso.
Todos piensan que soy un tonto.
No merezco amistades reales.
No tiene sentido ser sociable si no le agrado a nadie.
Otros:

Cuando me siento **ANSIOSO**, pienso...
Algo malo va a pasar.
No puedo con esto.
Necesito alejarme de todos.
¿Qué pensarán las personas de mí?
Otros:

Cuando me siento **ENOJADO**, pienso...
Nadie me entiende.
Tengo que defenderme.
No puedo superarlo.

Odio a todo el mundo.

Otros:

Recupera el control sobre tus bloqueos mentales

Las distorsiones cognitivas pueden generar bloqueos mentales, que son creencias limitantes que te impiden desarrollar todo tu potencial y vivir una vida plena. Estos bloqueos suelen empezar con "no puedo" o "no sé" y crean límites que uno mismo se impone. Una de las mejores formas de superarlos consiste en proporcionar pruebas que demuestren que eres capaz y que puedes alcanzar con éxito lo que deseas. Ten en cuenta que estas pruebas se deben basar en hechos y estar fundamentadas en la realidad. Puedes mencionar, por ejemplo, algún logro del pasado que demuestre que eres capaz de alcanzar un objetivo determinado. Completa la siguiente tabla proporcionando pruebas para refutar el bloqueo mental.

Bloqueo mental	Pruebas positivas que refutan el bloqueo mental
No tengo paciencia para leer un libro entero.	
No puedo hacer amigos porque mi personalidad es muy diferente.	
No creo que sea capaz de perder peso.	
Ya no puedo más.	
Nunca nadie me entenderá.	
No me gusta salir.	
Sólo gano por pura suerte.	

No soy tan bueno como todos creen.	
Estoy muy ocupado.	
No logro concentrarme.	

Conclusión del capítulo

- Acuérdate de que no todos los pensamientos son confiables, sobre todo los que te hacen reaccionar negativamente. Eres tú quien debe vigilar tus pensamientos y sustituir aquellos que no produzcan los resultados positivos que deseas.

Hasta ahora hemos visto cómo funcionan la mente y el cerebro, y también cómo los pensamientos desembocan en acciones y comportamientos. A continuación, te ofrecemos unas líneas que puedes utilizar como reflexión acerca de lo que has aprendido hasta ahora. Cuando estés preparado, profundizaremos en lo que implica ser "mentalmente fuerte" y en las distintas estrategias para desarrollar la fortaleza mental.

Capítulo 4: Cómo la fortaleza mental puede hacerte destacar en la escuela

Hazlo lo mejor posible hasta que lo domines. Luego, cuando lo sepas mejor, hazlo mejor.

–Maya Angelou

En este capítulo aprenderás:

- De qué forma tu mentalidad determina tus actitudes y comportamientos en la escuela.
- La diferencia entre una mentalidad estática y una mentalidad dinámica, y maneras prácticas para adoptar una mentalidad dinámica cuando te enfrentas a los retos escolares.

Una mentalidad positiva en la escuela y la educación

Las experiencias escolares de los adolescentes no son todas iguales. Hay quienes tienen una actitud positiva respecto a la escuela, aquellos a quienes les asusta la idea de la educación formal, los que se desaniman por no lograr el éxito académico, y también quienes disfrutan de ciertos aspectos, como practicar deportes y socializar, pero no están interesados en lo demás.

Tú te encuentras entre esas categorías de estudiantes y tienes tu propia opinión sobre la escuela. Pero, independientemente de que te guste o no la escuela, hay una cosa que es segura: el objetivo es terminar la secundaria de la mejor manera posible. Para conseguirlo, es muy importante cómo piensas acerca de los estudios.

La psicóloga y escritora Carol S. Dweck concluyó que la mentalidad de un estudiante respecto a los estudios, se origina en la calidad de los pensamientos que tiene al respecto. Así, los alumnos que tenían una percepción negativa de la escuela, solían tener miedo a los retos o a cometer errores. Por el contrario, los estudiantes con ideas más flexibles sobre la escuela estaban más dispuestos a aceptar retos, podían recuperarse fácilmente de los contratiempos y disfrutaban del proceso de aprendizaje.

La Dra. Dweck resumió estos dos tipos de mentalidad como mentalidad estática y mentalidad dinámica (Dweck, 2006). Aquellos estudiantes con una mentalidad estática no se creen capaces de mejorar sus puntos débiles y su rendimiento escolar con el tiempo. Se sienten estancados en el mismo nivel y desesperanzados respecto a su progreso educativo. Estos estudiantes suelen tener pensamientos tales como:

- "Nunca seré un estudiante destacado."
- "La Matemática no es para mí."
- "Siempre me equivoco."
- "No vale la pena intentarlo."
- "No soy tan inteligente como los demás."

En cambio, los estudiantes con una mentalidad dinámica, creen que sus habilidades pueden mejorar con el tiempo. Para ellos, el proceso de aprendizaje es constante, lo cual implica que, después de alcanzar una meta educativa, seguirán alcanzando otra. No temen cometer errores porque los pueden corregir y aprender cosas nuevas, por lo que hasta el fracaso puede convertirse en un momento de aprendizaje. Entre los pensamientos que suelen tener estos estudiantes se encuentran los siguientes:

- "Quizás ahora no sea un estudiante sobresaliente, pero con tiempo y dedicación, tengo posibilidades de serlo."
- "Necesito más ayuda con las matemáticas."

- "Aprendo de los errores."
- "Cada vez que lo intento, aprendo algo nuevo"
- "Nadie nace inteligente. Con el tiempo, me convertiré en un estudiante admirable."

La Dra. Dweck concluyó que los estudiantes con mentalidad dinámica eran más capaces de aumentar su rendimiento escolar, gracias a la cantidad de trabajo duro que estaban dispuestos a realizar y a su elevado nivel de resiliencia.

Cómo liberarte de la mentalidad estática y adoptar una mentalidad dinámica

Como el cerebro es adaptable, puedes cambiar de mentalidad y cambiar de un pensamiento estático a uno flexible. Todo lo que hace falta para adoptar poco a poco una mentalidad dinámica en relación con los estudios es aprender diferentes formas de pensar sobre ello.

Repítete a ti mismo: "Es posible que me sienta así con respecto a la escuela, pero esto no es del todo cierto". Hay que estar dispuesto a ampliar la mente y comenzar a ver las cosas de otra forma. Aquí tienes tres estrategias que te ayudarán a pasar de una mentalidad estática a una mentalidad dinámica:

1. *Toma decisiones distintas*

Si sueles reaccionar al estrés escolar o afrontas las tareas escolares negativamente, como por ejemplo dejando las tareas para el último momento o no cumpliendo los plazos, toma otras decisiones. Comienza a trabajar en tus tareas tan pronto como las recibas y asómbrate entregándolas antes de tiempo (si es posible).

Puedes también enfrentarte a los malos hábitos comunicativos aprendiendo a solicitar ayuda cuando la necesites, ya sea a tus amigos, a tus padres o a tus profesores. Si te has propuesto un objetivo deportivo concreto, elige dedicar más tiempo a entrenar o a profundizar en la teoría que hay detrás de ese deporte, para poder mejorar tu rendimiento.

2. *Establece objetivos académicos*

Los estudios pueden ser o no tu punto fuerte, pero esto no quiere decir que no puedas mejorar en esa área de tu vida escolar. Como parte del proceso de tomar decisiones distintas, establece objetivos para cada examen o asignatura. Aparte de los objetivos académicos, también puedes considerar otras áreas de tu vida que se beneficiarían de mejoras, como por ejemplo tu vida social. Por ejemplo, puedes fijarte un objetivo social: hacer nuevos amigos o mejorar la relación con los que ya tienes.

3. *Alardea sobre tus logros*

La celebración de tus pequeños y grandes logros te da una motivación para seguir adelante. No minimices ningún tipo de "triunfo", aunque no sea gran cosa para el resto de tus compañeros. Si por ejemplo es la primera vez que respondes a todas las preguntas de un examen antes de que se termine el tiempo, ¡es un logro que hay que celebrar! El cerebro te agradecerá la oleada de dopamina y te premiará sentirte orgulloso de ti mismo. Otros pequeños triunfos pueden ser iniciar conversaciones con gente nueva, hacer las tareas domésticas sin que nadie te lo pida o entregar tus deberes a tiempo. Para la mayoría de la gente, estos objetivos no merecen ser celebrados, ¡pero para ti son importantes!

Aparte de estas tres estrategias, las siguientes preguntas te ayudarán a distinguir entre una mentalidad estática y una mentalidad dinámica, así como las formas prácticas de incorporar una mentalidad dinámica en tu forma de aprender.

1. Cuando piensas en marcarte objetivos para tus calificaciones, ¿qué es lo primero que te viene a la cabeza? ¿Sería un ejemplo de mentalidad estática o dinámica? Por ejemplo, suelo pensar: "no sé si podré hacerlo". Este un ejemplo de mentalidad estática.

2. Cuando te enfrentas a desafíos en la escuela, como por ejemplo no sacar buenas calificaciones en un examen, ¿cómo sueles responder? ¿Tu respuesta sería un ejemplo de mentalidad estática o dinámica?

3. Cuando un profesor te da su opinión acerca de tu rendimiento, ¿cómo reaccionas? ¿Tu reacción podría ser un ejemplo de una mentalidad estática o dinámica? Por ejemplo: "Cuando recibo comentarios, me siento atacado personalmente. Necesito defenderme, en vez de escuchar y aceptar lo que me dicen." Esto es un ejemplo de mentalidad estática.

4. Cuando tus amigos de la escuela alcanzan logros, como recibir un reconocimiento por obtener buenos resultados, ¿cómo te sientes? ¿Tu respuesta sería un ejemplo de mentalidad estática o dinámica? Por ejemplo: "Celebro con ellos porque me inspiran a esforzarme". Este es un ejemplo de mentalidad dinámica.

5. Piensa en una asignatura que te cueste aprender. ¿Cuál es el error más común que cometes cuándo estudias esa asignatura y que puedes mejorar? Por ejemplo: "Al practicar Matemática, suelo olvidar la necesidad de memorizar las tablas de multiplicar. Para mejorar, podría dedicar 10 minutos al día para memorizar los múltiplos de un determinado número".

6. ¿Cuáles son las distintas formas de pedir ayuda cuando no entiendes un concepto o una consigna? Escribe las distintas frases o estrategias que puedes utilizar. Por ejemplo: "puedo escribir una lista de preguntas en un papel y formularlas a mi profesor después de clase."

7. ¿Cómo puedes mejorar tu forma de gestionar el tiempo como estudiante? Escribe diferentes estrategias que se adapten a tu estilo de vida. Por ejemplo: "Divido mi tiempo para hacer la tarea en periodos de 10 minutos, con descansos de 2 minutos entre cada uno, para así poder concentrarme intensamente sin muchas distracciones."

Conclusiones del capítulo

- Cada estudiante posee sus propias ideas y opiniones acerca de la escuela, pero lo que es habitual entre los estudiantes es querer terminar el bachillerato de la forma menos dolorosa posible. Un cambio de mentalidad puede reducir el estrés y la ansiedad que te producen los estudios para que recuperes la sensación de control y tomes mejores decisiones.

- Cuando tienes una mentalidad estática, es posible que consideres que la escuela es más difícil o más deprimente de lo que es. La mentalidad estática te impide tener una actitud abierta ante los desafíos y confiar plenamente en que puedes mejorar tu desempeño.

- La mejor mentalidad que puedes tener respecto a la escuela, como sugiere la Dra. Dweck, es la mentalidad dinámica. Esta mentalidad te anima a superar los contratiempos y a pensar que, con el tiempo, te convertirás en el tipo de estudiante que quieres ser.

Ahora que ya sabes cómo aplicar la fortaleza mental en los estudios, el siguiente capítulo explorará cómo puede aplicarse para superar el rechazo y el fracaso.

Capítulo 5: Superar el rechazo y aceptar tus emociones

Sigue adelante a pesar del rechazo. No importa cuántos "no" recibas. Sólo hace falta que una persona diga que sí.

–Germany Kent

En este capítulo aprenderás:

- Cómo dos de las personas más exitosas del mundo transformaron su rechazo en motivación para alcanzar sus sueños.
- Cinco valiosas lecciones de vida que sólo puedes aprender si fracasas.

Rechazo = Reorientación

Cuando piensas en tener éxito, ¿qué imagen te viene a la cabeza? ¿Te imaginas viviendo en una casa lujosa, en un barrio cerrado, sobre las colinas? ¿O abrir la puerta de tu garaje para 10 coches y tener la opción de elegir qué superdeportivo te gustaría llevar a dar una vuelta?

El tipo de éxito que glorifica en las redes sociales muestra sólo una cara del éxito: la que te lleva a soñar con dejar los estudios y crear tu propia empresa tecnológica multimillonaria. Pero el éxito no consiste sólo en eso.

En realidad, para tener éxito, antes hay que enfrentarse a muchos fracasos y rechazos. Sí, lo has leído bien. Contrariamente a lo que puedas haber leído, el éxito no consiste en tomar las mejores decisiones, sino en tomar muchas malas decisiones y aprender de ellas.

Pensemos en J.K. Rowling, la autora de la serie de libros *Harry Potter*, madre soltera de un niño y desempleada, que vivía de los subsidios sociales para poder mantenerse a sí misma y a su hijo. Mientras escribía el primer manuscrito de Harry Potter, tenía 20 años y fue diagnosticada con depresión clínica. Pero, afortunadamente, su talento para la escritura se convirtió en su fuente de estímulo.

Cuando terminó el manuscrito, Rowling contactó con varias editoriales para conseguir un contrato. Doce editoriales la rechazaron antes de firmar con Bloomsbury. Escuchó 12 "No" hasta que recibió un "Sí" multimillonario.

También tenemos a Walt Disney, quien no sólo influyó en nuestra infancia con sus cautivadores cuentos de hadas, sino que además construyó lo que popularmente se conoce como el "Lugar más feliz del mundo", Disney World. Cuando presentó la idea de los parques temáticos Disney World, los bancos pensaron que estaba loco.

Los bancos le negaron 300 veces el préstamo y decidió sacar dinero de su bolsillo y pedir prestado a amigos y familiares para poner en marcha el proyecto. Imaginemos lo que habría ocurrido si hubiese decidido abandonar después del rechazo número 50 o 100. ¡Qué diferente sería el mundo de los medios de comunicación, de la televisión y del cine! ¿Qué aspecto tendría hoy el mundo de los medios de comunicación, la animación y el entretenimiento?

Los triunfadores que consiguen superar el rechazo y persiguen sus objetivos a pesar de los retos a los que se enfrentan, comprenden que el rechazo no significa que sea el final del camino. Significa únicamente que la estrategia que aplicaban no está funcionando y deben pasar a la siguiente. Para ellos el rechazo es una forma de reorientación que los acerca a la realización de sus sueños.

Cómo aprender del fracaso y volver a levantarte

Cuando tocamos fondo y nos damos cuenta de que lo que esperábamos no será posible, la experiencia puede ser dolorosa. No tiene nada de agradable pasar de tener el control y estar en la cima del juego en un momento a, de pronto, perder el control y regresar al punto cero.

No obstante, esto es sólo una cara del fracaso. Existe otra cara del fracaso (igual que existe otra cara del éxito) que puede resultar alentadora. Pero nadie habla de este aspecto del fracaso por ser positivo y, admitámoslo, ¿quién quiere pensar positivamente cuando está deprimido?

Lo cierto es que el fracaso puede enseñarte más sobre la vida que los triunfos. En vez de verlo como un suceso de la vida, puedes optar por ver el fracaso como un instrumento que contribuye a no repetir de nuevo ciertos errores. Siempre que tus planes fracasan, adquieres una valiosa perspectiva de lo que funciona y lo que no. Esto te permitirá retomar el plan, introducir algunos ajustes y volver a ejecutarlo. Si fracasas por segunda vez, por lo menos no estarás repitiendo los mismos errores; cometerás nuevos y los corregirás para que la próxima ejecución sea mejor que la anterior.

¿Qué significa todo esto? Para decirlo de forma sencilla, el fracaso te permite adquirir experiencia, y de la experiencia proviene la sabiduría. Es preferible haber fracasado varias veces antes de cumplir tus objetivos, que alcanzarlos al primer intento. Esto es así porque aprendes mucho sobre ti mismo y los deseos que persigues en cada ocasión en la que te desvías. Existen varias lecciones de vida que sólo el fracaso puede enseñarte. Éstas son cinco de mis favoritas:

1. *Mantente humilde*

Por momentos, cuando persigues objetivos, te puedes sentir invencible, como si no existiera ningún reto lo suficientemente grande como para interponerse en tu camino. Sin embargo, el fracaso te enseña que, en el contexto general de la vida, lo que conoces es muy limitado y hay un montón de factores que escapan a tu control. Esta lección es de humildad porque pone al descubierto tus propias debilidades y te permite afrontar la vida, y a otras personas, con más paciencia, mentalidad abierta y respeto.

2. *Crea tus propias oportunidades*

Cuando el Plan A falla, ¿qué se hace? La mayoría de la gente se daría por vencida. Muy pocas personas se darían cuenta de que tienen el poder de crear nuevas oportunidades. En la mayor parte de los casos, los fracasos muestran deficiencias en la planificación. Puede que hayas calculado mal cuánto costaría comprar un puesto de limonada nuevo.

Ahora te quedan dos opciones: Renunciar a tu idea del negocio de limonada o encontrar otra forma más económica de comprar (o construir) un puesto de limonada. Para construir tu propio puesto de limonada, puedes buscar en el jardín restos de tablones de madera. Con un poco de trabajo manual, antes de que te des cuenta habrás construido un puesto resistente. La percepción que tengas del fracaso será lo que determine si eres capaz de crear una oportunidad a partir de él.

3. *Acepta el cambio*

El fracaso te enseñará que no siempre todo saldrá exactamente como lo habías imaginado. A lo largo del camino hacia tu objetivo, puedes verte obligado a hacer sacrificios, como hacer los ejercicios físicos en casa en lugar del gimnasio para ahorrar gastos. O quizá experimentes cambios repentinos en tu vida que te obliguen a postergar tus objetivos durante unos meses mientras soluciones el problema. Ser receptivo a los cambios puede ayudarte a mantenerte centrado en tus objetivos, pero con la flexibilidad suficiente para adaptar la forma de alcanzarlos.

4. *Sé creativo*

Cuando decides seguir la ruta tradicional para alcanzar tus objetivos y los planes no terminan saliendo como debieran, se te presenta la oportunidad de adentrarte en una ruta atípica, un camino que tú mismo creas. Para triunfar en el nuevo camino, tienes que pensar con originalidad y hacer cosas un poco diferentes. Si estudiar con el método del lorito no te ayuda a conseguir los resultados que buscas, podrías intentar estudiar con imágenes o escuchando audios.

5. *Confía en ti mismo*

Uno de los mejores aprendizajes del fracaso es confiar en uno mismo. No importa cuánto tiempo dediques a elaborar estrategias, los planes pueden fallar. Por mucha fe que deposites en las personas, te pueden decepcionar. Pero, aunque tus planes fracasen o las personas te decepcionen, siempre podrás levantarte después de un tropiezo e intentarlo de nuevo. El fracaso te enseña a hacer caso a tu instinto, a mostrar compasión por ti mismo y a confiar en tus propias capacidades. Tras cada contratiempo, te levantarás más fuerte y más valiente que antes.

Conclusiones del capítulo

- El éxito tiene dos lados: El estilo de vida glamoroso que te puede proporcionar el dinero, y también los numerosos rechazos con los que te tienes que enfrentar en el camino hacia la realización de tus sueños. No se puede hacer realidad un sueño sin antes pasar por momentos difíciles que te convertirán en una persona fuerte y valiente.

- Al igual que el éxito, también el fracaso tiene dos lados. El primero puede resultarte doloroso y hacer que pierdas aquello que te costó tanto. Pero por otra parte, te puede enseñar lecciones muy valiosas acerca de la vida y mostrarte la clase de experiencias que te ayudarán a tomar mejores decisiones.

Capítulo 6: Rechaza la necesidad de rendirte

Todo parece imposible hasta que se hace.

– Nelson Mandela

En este capítulo aprenderás:

- Cómo deshacerte de la mentalidad del "me rindo" y ¡no volver a pensar en rendirte!

No te rindas

Si los obstáculos forman parte de nuestra vida, lo mejor que podemos hacer es aprender a protegernos contra la mentalidad del "me rindo". Si las cosas no te van bien en los estudios, en casa o con los amigos, recuerda que rendirse no es una opción, a menos que te encuentres en situaciones tóxicas.

La mentalidad del "me rindo" puede sonar así:

- "Nada está saliendo bien".
- "¿Por qué está tardando tanto?".
- "Esto es más difícil de lo que creía".

- "Nadie me apoya".
- "Sigo repitiendo los mismos errores".
- "¿Qué estaba pensando al empezar esto?".
- "Tal vez no sea el momento para dedicarme a lo mío."

Cuando reproduces estos pensamientos una y otra vez en tu cabeza, finalmente tendrás razones suficientes para rendirte. Por eso es importante detectar la mentalidad del "me rindo" en las primeras etapas y contrarrestarla mediante pensamientos positivos que te convenzan de que realmente PUEDES alcanzar tus objetivos. Más abajo encontrarás cinco creencias positivas que podrás recitar ante el espejo o decirte en voz baja siempre que pienses en rendirte.

1. Creencia: Cumplo cada compromiso que asumo conmigo mismo

La palabra que das es un compromiso de honor. Cuando te comprometes con algo, es tu deber garantizar no defraudarte a ti mismo. Cuando rompes una promesa, debilitas tu capacidad para confiar en lo que dices. Así que, aunque no tengas ganas, muéstrate capaz de mantener tu palabra.

En la escuela: Cuando veas el plan de estudios y te abrumes con la cantidad de información que necesitas incorporar, no olvides que tu cerebro tiene la capacidad de aprender.

En el deporte: Si tu rutina de ejercicio parece difícil, no olvides que ningún reto es imposible de alcanzar si estás dispuesto a superarlo.

2. Creencia: Encontraré una manera o la crearé

Las dificultades a las que te enfrentas no deberían desviarte de tu objetivo. Independientemente de que el Plan A funcione o fracase, lo importante es alcanzar ese objetivo. Para evitar la tentación de abandonarlo, recuerda que tienes un montón de opciones para alcanzar el resultado que deseas. Si no existe un camino claro para llegar a él, convéncete de que puedes crearlo.

En la escuela: Cuando no comprendas un concepto que te enseñan, aunque te lo hayan explicado varias veces, investiga en Internet métodos educativos alternativos para entenderlo mejor.

En el deporte: Si hay alguna técnica determinada que no consigues dominar, por mucho que te esfuerces, reúnete con tu entrenador y solicítale más apuntes o consejos prácticos para ayudarte a aprender la técnica.

3. Creencia: Soy capaz de solucionar las cosas

Eres más inteligente de lo que imaginas. Basta con que te acuerdes de todas las situaciones difíciles que fuiste capaz de superar anteriormente. Cuando sientas que te encuentras en un callejón sin salida, piensa que eres capaz de encontrar una solución. No hay ningún problema que te resulte demasiado complicado solucionar. Y si necesitas una segunda opinión, siempre podrás recurrir a gente que haya pasado por dificultades similares a las que tú estás pasando.

En la escuela: Si tienes dificultades en alguna asignatura, busca una segunda opinión. No dudes en preguntar a tu profesor cómo resolver los distintos problemas. Cuando no puedas hablar con tu profesor, encuentra a un compañero que entienda mejor la asignatura y pregúntale.

En el deporte: Si te gustaría mejorar en un deporte, lee algún libro o mira algún vídeo relacionado con él para aumentar tus conocimientos. Puedes también seguir a deportistas populares que admires y estudiarte sus técnicas.

4. Creencia: Los contratiempos son temporales

Los fracasos son inevitables, pero no permanentes. Cuando sientas ganas de rendirte, recuerda que los contratiempos no son el final. Todavía tienes una meta increíble por delante. Está bien tomarse un tiempo para reflexionar y procesar los sentimientos de rabia y decepción, incluso reflexionar sobre lo que salió mal y lo que se puede hacer de otra manera la próxima vez. Pero no estés triste por mucho tiempo. Ponte en marcha lo antes posible y prepara tu reorientación.

En la escuela: Si no apruebas un examen, una prueba o una calificación, tranquilízate y piensa que los contratiempos son temporales. Tendrás muchas más oportunidades de mejorar, siempre que creas que puedes hacerlo.

En el deporte: Cuando no rindas al máximo en un partido, no te culpes por ello. Consulta tu calendario deportivo y piensa en cuántos partidos más te quedan para demostrar lo bueno que eres.

5. Creencia: Puedo enfrentarme a lo que sea

Hay retos que nos dan más miedo que otros. Pero ni el más difícil de los retos puede apagar tu fuego interior. No olvides que hay un gran "por qué" que te impulsa a salir de tu zona de confort y hacer cosas extraordinarias. Ese "por qué" es el que te hace poner un pie delante del otro, aunque no puedas ver a dónde vas. Eres imparable, pero no porque seas invencible, sino porque te niegas a rendirte.

En la escuela: Si te sientes agobiado durante un periodo escolar estresante, recuerda tus objetivos académicos, como obtener una beca para la universidad que elijas. Permite que este objetivo te motive para mantenerte concentrado y no desviarte de tus tareas cotidianas.

En el deporte: Si estás pasando por una mala temporada, recuerda temporadas o partidos anteriores donde tu rendimiento fue realmente bueno (por ejemplo, recibiste el premio al mejor jugador del partido). Deja que las evidencias positivas de tu talento o destreza te hagan esforzarte más.

Controla tus comportamientos

Otra manera de oponerse a la mentalidad del "me rindo" consiste en hacer de ciertos comportamientos, normas habituales. En vez de elegir entre pasar a la acción o no, decide que lo harás independientemente de cómo te sientas.

Cuando el corredor de ultramaratones norteamericano David Goggins entrenaba para perder peso, tomó la decisión de que, lloviera o brillara el sol, correría. Ni siquiera en los días nevados, en los que la mayoría de la gente estaba en casa, dejó de correr. En su libro, *No me puedes lastimar*, escribe: "Cuando crees que ya no puedes más, sólo estás al 40% de lo que tu cuerpo puede hacer. Esos son los límites que nosotros mismos nos ponemos".

Siempre deben existir comportamientos innegociables que identifiques, como parte de la realización de tu objetivo. Para Goggins, el correr era su comportamiento innegociable, pero estoy segura de que había otros, como seguir una dieta concreta. Además de los comportamientos, es importante establecer normas sobre la forma en que te diriges a ti mismo. ¿Cuáles son las palabras y frases innegociables que repites diariamente o que evitas del todo?

Por ejemplo, una buena estrategia consiste en evitar expresiones negativas como "no puedo" o "no quiero". Estos términos crean bloqueos mentales, que terminan convirtiéndose en pensamientos limitantes. Por ejemplo, si te dices a ti mismo que no puedes correr una maratón, excluyes la posibilidad de correrla alguna vez. Se crea un bloqueo mental que te impide perseguir el objetivo o plantearte la posibilidad. Otra forma de hacerlo es decirte a ti mismo que no haces algo, por ejemplo: "No socializo con la gente". De nuevo, se genera un bloqueo mental y, de pronto, la idea de socializar se convierte en algo intimidante o indeseable.

No pienses en lo que no puedes o no haces, sino en lo que sí puedes. Haz una lista de todas las cosas que puedes hacer, aunque todavía no las hayas hecho. Imagínate haciendo lo que te da miedo o lo que crees que no te mereces. Si por ejemplo tu objetivo es perder peso, te propongo una lista de todas las cosas que **PUEDES** hacer:

- Puedo beber de seis a ocho vasos de agua al día.
- Puedo seguir una dieta sana y eliminar la comida chatarra.

- Puedo comprometerme a hacer ejercicio tres días a la semana.
- Puedo encontrar un compañero en el gimnasio, alguien que entrene conmigo y me apoye.
- Puedo seguir a expertos en ejercicio y aprender de sus consejos útiles.

Ahora, practica decir estas frases en voz alta. ¿Te das cuenta de lo fortalecido que te sientes? Es el poder de la afirmación positiva.

Continúa elaborando la lista de cosas que puedes hacer:

_____

_____

_____

La mentalidad del "me rindo" puede resultar contagiosa. Si te juntas con algunas personas que tienen este tipo de mentalidad, antes de darte cuenta, tú también pensarás y hablarás como ellos. Por ello, ten cuidado de con quién te rodeas, el tipo de música o vídeos que escuchas y el tipo de contenido que ves en las redes sociales.

Conclusión del capítulo

- Tu forma de ver el rechazo y el fracaso determina si puedes adaptarte al cambio y superar las peores circunstancias de la vida. Decide deshacerte de la mentalidad del "me rindo" y convéncete de que posees la tenacidad, el talento y la mentalidad necesarios para lograr lo que te propongas.

Como rendirse ya no es una opción, el próximo capítulo del libro te mostrará cómo aplicar la fortaleza mental a la hora de relacionarte con personas difíciles.

Capítulo 7: CAPÍTULO EXTRA: Mantente firme al tratar con personas difíciles

Si estás continuamente tratando de demostrar tu valor a los demás, es que ya lo has olvidado. Respira hondo y actúa como es debido.

–Marc Chernoff

En este capítulo aprenderás:

- Una perspectiva nueva que te ayudará a que puedas acostumbrarte a tratar con personas difíciles.
- La forma de empatizar con las dificultades que pueda estar atravesando la otra persona.
- Seis pasos para establecer límites eficaces, para que no tengas que tolerar que nadie te maltrate y te haga sufrir.

Cómo vincularte con personas difíciles

No es fácil relacionarse con personas difíciles. Por su naturaleza, carecen de empatía, lo que quiere decir que es posible que no entiendan las consecuencias que su comportamiento tiene para ti. Pueden, por ejemplo, gritarte para expresar su frustración, pero no darse cuenta de que al hacerlo te están faltando el respeto.

También hay quienes creen que son mejores que los demás o que están fuera de la ley. Pueden querer ser tratados de cierta manera u ofenderse con facilidad cuando no reciben suficiente atención. Este tipo de personas suelen ser egocéntricas y sólo demuestran su preocupación o interés cuando la situación les afecta en lo personal.

Por su falta de empatía, estas personas podrían provocarte reacciones agresivas o inhibiciones a nivel emocional. Como es lógico, querrás mantenerte alerta y estar lejos de ellas. Pero no siempre es posible evitar a estas personas, en particular cuando viven contigo o los ves habitualmente en la escuela.

Lo mejor para llevar este tipo de relaciones es tratar de comprenderlas y adecuar la relación que se tiene con estas personas. Existen dos estrategias para relacionarse con personas difíciles. La primera consiste en hacer lo que ellos no son capaces de hacer, que es liderar con empatía, y la segunda es ser firme en la forma de comunicar tus límites. ¡Analicemos las dos estrategias juntos!

Desarrolla empatía y comprensión

Puede ser muy agotador relacionarse con alguien que está cómodo recibiendo amor y apoyo, pero apenas demuestra amor y apoyo hacia ti. O tal vez, cuando intentan mostrar su apoyo, son malos oyentes y no pueden crear un espacio seguro para que expreses tus pensamientos y sentimientos.

Sin embargo, hay una manera sana de acercarse a una persona difícil, que puede disminuir tu malestar y frustración y que te permitirá aceptar a esa persona como es. Consiste en desarrollar una habilidad de la inteligencia emocional llamada empatía. Seguramente ya habrás oído hablar de la empatía. Se trata de ponerse en el lugar de los demás y ver el mundo desde su punto de vista.

Demostrar empatía hacia una persona problemática supone interpretar su comportamiento sin considerarlo un ataque personal y sin emitir ningún comentario. Dicho de otra forma, reconocemos que una persona con dificultades se comporta como lo hace porque está pasando por una situación difícil. Sus reacciones y comportamientos son el resultado de pensamientos, ideas y, tal vez, de situaciones difíciles por las que está atravesando.

Una vez superada esta situación y tras entender que nada de lo que hace esa persona tiene que ver contigo, podrás ponerte en su lugar e imaginarte el dolor y el malestar que puede estar sintiendo.

Es posible, por ejemplo, que estés atravesando una relación tensa con uno de tus padres por la presión constante que ejerce sobre ti para que obtengas buenas calificaciones en la escuela o en algún deporte en particular. Ese comportamiento te hiere porque no te sientes reconocido por el esfuerzo que realizas. Incluso puedes llegar a pensar: "Mis padres no reconocen lo mucho que me esfuerzo".

En vez de interpretar su comportamiento como un ataque personal, elige mostrar empatía. Considera las razones por las cuales tienen tantas expectativas puestas en ti. Quizás, por ejemplo, no hayan tenido acceso a las oportunidades a las que tú tienes, y esto hace que deseen que lo hagas bien. O es posible que su necesidad de controlar tus acciones se deba al miedo a que repitas los mismos errores que ellos cometieron. Dicho de otro modo, lo que hacen no tiene nada que ver contigo.

El dicho popular de que "quien hiere, es herido" tiene cierta parte de verdad. Una persona difícil no es más que una persona normal que está atravesando un momento o una temporada complicada de su vida. Esto puede explicar por qué no tienen en cuenta los sentimientos de los demás y solamente piensan en sí mismos. Debido al miedo, la ira, la culpa, la pena, la soledad o la decepción, han aprendido a pensar únicamente en su propio bienestar y seguridad.

Por eso, puedes dar por sentado que, si esa persona se sintiera mejor consigo misma o con su vida, tomaría mejores decisiones y sería más fácil estar con ella. Esta clase de suposición te permite ver al ser humano que hay detrás del mal comportamiento. Ten en cuenta que esto no justifica el mal comportamiento, sino que intenta comprender la situación en general.

Otra idea útil para ayudarte a empatizar con una persona difícil consiste en imaginar que tienes la misma capacidad de realizar esos comportamientos o mostrar ese tipo de actitud. Si hubieras vivido las mismas experiencias dolorosas que esa persona, quizá te sentirías igual que ella respecto a la vida. Puedes también pensar en el pasado y acordarte de una época en la que era difícil relacionarse contigo. Recuerda las circunstancias por las que pasaste y que te llevaron a tener una actitud negativa. ¿Ves cómo sentirte herido puede llevarte a herir a otras personas?

Mientras más intentes comprender el origen de esa persona y los distintos motivos que la llevan a actuar de una determinada manera, te sentirás menos ofendido por lo que diga o haga. La razón es que eres consciente de que las acciones de una persona difícil no son ataques personales. Simplemente son formas de expresar sus propios sentimientos heridos.

Establece límites de forma clara y eficaz

La segunda estrategia cuando se trata con una persona difícil es establecer y comunicar tus límites con firmeza. Los límites son fronteras invisibles que uno crea para protegerse contra el acoso o el maltrato de otras personas. Cuando los límites se comunican de forma asertiva, son claros y directos, pero se expresan con compasión.

No hay que ignorar los malos comportamientos, hay que señalarlos y establecer límites firmes. No veas los límites como un castigo. Sirven para proteger tus libertades y enseñarles a las personas más cercanas a ti qué tipo de comportamientos son aceptables e inaceptables. Eres tú quien establece las normas sobre los comportamientos que vas a tolerar. Si toleras que la gente hable mal de ti, esa es la norma que tú creas. Pero también importa cuándo y cómo comunicas tus normas. A continuación, encontrarás algunas reglas que debes recordar cuando te prepares para hablar de límites:

- Elige el momento adecuado para conversar con la otra persona.
- Mantén la conversación en privado y con respeto.
- No uses palabras como "tú", porque señalas con el dedo, o exageraciones como "nunca" o "siempre".
- No tomes los ataques verbales como algo personal. No olvides que revelan más sobre cómo se siente la otra

persona en ese momento. Ayúdale a calmarse utilizando un tono de voz y un lenguaje corporal positivos.

- Limítate al tema principal de la discusión y trata de no desviarte con preocupaciones que no tengan nada que ver.

- No asumas que la otra persona sabe lo que ha hecho mal. Comparte tus pensamientos y sentimientos como si no fuera consciente de su comportamiento.

- Ensaya mental y verbalmente lo que vas a decir. Quizá quieras escribir notas en un papel o ensayar con un amigo antes de la conversación real. Esto te dará la confianza necesaria para manejar la confrontación con tranquilidad.

Di "no" a las acciones y comportamientos inaceptables

Si tienes un problema con el comportamiento de alguien, como por ejemplo su forma de hablar o de actuar contigo, llámale la atención y exprésale tus preocupaciones. Existen cinco pasos que puedes seguir para poner límites al mal comportamiento:

1. *Aprópiate del problema*

Expresa claramente que tienes un problema y di de qué se trata. Utiliza un "yo" para demostrar que eres dueño de tu experiencia. También aprovecha para comprobar si es un buen momento para hablar del asunto que te preocupa. Si no lo es, busca un momento más adecuado. Si por ejemplo te gustaría plantear a uno de tus profesores tu preocupación por la forma en la que te habló en clase, puedes decir algo así:

"Señorita Tracy, no me gustó cómo me habló hoy en clase. ¿Cuándo sería un buen momento para que tengamos una charla?".

2. *Explica la vulneración de los valores*

Si el comportamiento fue ofensivo es porque vulneró uno de tus valores fundamentales. Explícale a la otra persona qué valores se han vulnerado. Por ejemplo, si alguno de tus amigos te insultó y te faltó el respeto, puedes decir:

"Tommy, el respeto mutuo es algo que valoro en la amistad porque me demuestra que me aceptas por lo que soy. Por eso me sentí muy ofendido cuando me insultaste".

3. ***Describe el mal comportamiento y el impacto emocional***

Seguidamente, describe el comportamiento de la otra persona, asumiendo que no tiene ni idea de cómo puede haberte ofendido. A continuación, explica cómo te ha hecho sentir su comportamiento. Por ejemplo, si tuviste un desacuerdo con el entrenador, y te hizo sentir menospreciado, puedes decir:

"Entrenador Félix, mientras yo estaba hablando, usted me gritó y me dijo que me callara. Me enojé y me sentí mal".

4. ***Sugiere un comportamiento alternativo***

Comunica a la otra persona lo que te gustaría que ocurriera. Dicho de otro modo, explícale el comportamiento adecuado que podría mostrar la próxima vez. Si uno de tus amigos suele burlarse de ti delante de los demás, proponle un comportamiento alternativo:

"Kate, a partir de ahora, no voy a tolerar que me hables mal. Cuando estemos conversando entre nosotros o con otras personas, por favor, sé considerada a la hora de elegir tus palabras. No voy a aceptar más que me insultes, aunque se trate de una broma".

5. *Aplica las consecuencias*

Para que la otra persona sepa que te tomas muy en serio lo de mantener tus límites, impone consecuencias para futuras transgresiones. Explícale lo que pasará si vuelve a incurrir en el mismo mal comportamiento.

A la hora de pensar en las consecuencias, encuentra una acción que refuerce los valores fundamentales que quieres proteger. Si valoras la puntualidad, por ejemplo, podrías irte cuando tu amigo llegue más de 30 minutos tarde a un almuerzo. Cuando establezcas consecuencias, usa el enunciado "Si... entonces...". Por ejemplo:

"Si vuelves a hablarme así, abandonaré la conversación y me iré inmediatamente" (esto refuerza tu necesidad de respeto mutuo)

Ahora es tu turno. Recuerda una situación reciente en la que un amigo o un familiar se haya comportado mal contigo. Escoge un comportamiento que vulnere uno de tus valores fundamentales. Sigue los cinco pasos descritos anteriormente para establecer límites claros.

1. **Aprópiate del problema**

2. Explica la vulneración de los valores

3. Describe el mal comportamiento y el impacto emocional

_____

_____

_____

_____

_____

_____

_____

4. Sugiere un comportamiento alternativo

_____

_____

_____

_____

_____

_____

5. Aplica las consecuencias

Conclusiones del capítulo

- Las personas difíciles son capaces de irritarnos y sacar lo peor de nosotros mismos. Pero el comportamiento de estas personas no debe considerarse nunca como un ataque personal. Debemos considerar su conducta como una señal de cómo se sienten con ellas mismas y de las situaciones dolorosas por las que pueden estar atravesando.

- Cuando te relaciones con una persona difícil, hazlo con empatía. Colócate en su lugar e imagínate las causas de su actitud negativa. Intenta imaginar cómo te comportarías tú si tuvieras que enfrentarte a problemas similares.

Por mucha compasión que tengas con una persona difícil, no está bien justificar un mal comportamiento. Te mereces que te traten con el mismo respeto que demuestras a los demás. Anímate a defenderte y a establecer límites firmes. Habla claro acerca de lo que ya no vas a tolerar y sobre las consecuencias de cruzar esos límites más adelante.

Conclusión

Mejorar nuestro bienestar mental es el único modo de superar las dificultades de la vida

–Mokokoma Mokhonoana

Debes ser muy valiente para enfrentarte a las situaciones que más temes. Sin embargo, cuando esto pasa, puedes aprender mucho de ti mismo, como tus talentos ocultos, tus fortalezas y debilidades, y el tipo de vida que quieres crear. Por eso, es muy valioso enfrentarse directamente a las tormentas de la vida, porque, cuando finalmente se sale de esas situaciones difíciles, uno sale más fuerte y más centrado que nunca.

En este libro has aprendido cómo utilizar la fortaleza mental en las situaciones diarias, para poder mantener una actitud positiva y flexible ante la vida, más allá de los retos a los que te enfrentes. No dudes en consultarlo, o los ejercicios específicos que incluye, cada vez que necesites un recordatorio sobre cómo recuperar el control de tus pensamientos, emociones y comportamientos.

El camino hacia la fortaleza mental ya ha comenzado. ¡Disfruta del proceso de convertirte en la versión más resiliente de ti mismo!

LIBRO 2

Fortaleza mental para adolescentes

¡Cómo desarrollar una mentalidad, un carácter y una personalidad resilientes libre de temores, estrés y ansiedad!

Jennifer Williams

Introducción

Trata de caminar hacia delante mientras miras a lo lejos y verás lo que avanzas. Lo mismo ocurre con la vida. Mira hacia delante.

- Martin Henderson

¿Sabes a qué le teme un búfalo, además de a ser devorado por una bestia salvaje?

A las tormentas.

Temen tanto a las tormentas que cuando ven formarse nubarrones hacen algo extraño. En vez de correr en dirección contraria a la tormenta, van hacia ella.

¿Por qué lo hacen?

Para reducir el tiempo que pasan dentro de la tormenta, lo que significa que pueden recuperarse más rápidamente del estrés.

Esta es una analogía genial para describir la fortaleza mental. No me imagino a una persona que sea resistente al miedo y que vaya por la vida como si no se enojara o sintiera tristeza de vez en cuando.

Me imagino a una persona mentalmente fuerte como alguien que tiene una visión realista de la vida y entiende que a las personas buenas también les pasan cosas malas. Esta perspectiva realista también les permite enfrentarse a sus miedos, adaptándose a los retos imprevistos de la vida y encontrando la fuerza interior para ser optimistas respecto al futuro.

En este libro aprenderás acerca de la fortaleza mental mediante la profundización en diferentes temas, tales como el desarrollo de la resiliencia mental y el dominio emocional, el cultivo de hábitos saludables y el establecimiento de objetivos ambiciosos.

Tu camino hacia la fortaleza mental acaba de empezar. ¡Disfruta del proceso de convertirte en la versión más resiliente de ti mismo!

La mentalidad "Soy posible"

Unos meses atrás, estaba navegando por mis redes sociales cuando me encontré con una publicación. Tenía el fondo blanco y en el centro estaba escrita la palabra en inglés "Impossible" (Imposible). Lo que lo hacía curioso era el hueco entre el "I'm" y el "possible", lo que creaba dos palabras que en español se traducirían en: Soy possible (I'm posible).

Cualquier otra persona que se hubiera topado con este mensaje podría haber pensado que era una cursilería. De acuerdo, el juego de palabras era un poco cursi, pero no el significado ni el mensaje. Muchas veces nos enfrentamos a situaciones difíciles en la vida que nos hacen perder la paciencia y la confianza en nosotros mismos. Creemos que nuestros problemas son más grandes que nosotros e imposibles de resolver.

No nos damos cuenta de que nuestra percepción es lo que hace que parezcan imposibles. Si verdaderamente creemos que no somos lo suficientemente buenos para tener éxito en la vida, entonces terminamos por ver la carencia, la miseria y los fracasos de las situaciones de nuestra vida. Sólo cuando entornamos los ojos y vemos el "soy posible" en lugar del "imposible", podemos cambiar nuestra perspectiva sobre lo que ocurre a nuestro alrededor y hallar soluciones a esas situaciones desesperadas.

Cómo utilizar este libro

El cometido de este libro es que los jóvenes aprendan el concepto de fortaleza mental. La fortaleza mental es, por definición, la capacidad de recuperarse de las adversidades. No se trata de evitar las dificultades, sino más bien de encontrar formas saludables de afrontarlas.

El motivo por el que es importante desarrollar la fortaleza mental es el carácter impredecible de la vida. Un día todo parece ir bien: obtienes excelentes notas, tus amistades se fortalecen y tu vida social prospera. Pero de pronto, sin ningún aviso previo, todo lo que creías estable comienza a derrumbarse y te quedas pensando qué hacer y cómo restaurar el orden.

El valor que se encuentra dentro de este libro está contenido en los ejercicios prácticos y las técnicas paso a paso que te enseñaremos. Sin comprometerte a practicar estos ejercicios, te resultará difícil desarrollar la fortaleza mental. Para triunfar en cualquier cosa en la vida hace falta trabajar duro y lo mismo ocurre con el aprendizaje de habilidades vitales como la resiliencia y la autodisciplina. Lo que aprenderás en este libro puede cambiarte la vida, pero únicamente si pasas a la acción.

Se trata de aplicar la información en lugar de limitarse a leerla. Si estás listo para aprender lo que significa ser mentalmente fuerte y superar los retos modernos de esta época, ¡sigue leyendo!

Capítulo 1: La fortaleza mental y la resiliencia

Tienes el poder de controlar tu mente, no los acontecimientos externos. Compréndelo y encontrarás la fuerza.

–Marcus Aurelius

En este capítulo aprenderás:

- La definición de fortaleza mental y las características de una persona mentalmente fuerte.
- Rasgos de resiliencia mental y formas prácticas de pensar con más flexibilidad.

El secreto de un compromiso a prueba de balas

Michael Jordan, la leyenda del baloncesto de la NBA, cuyo nombre figura en el Salón de la Fama del Baloncesto Naismith Memorial, no tuvo unos comienzos exitosos en su carrera deportiva Su entrenador en el instituto lo echó del equipo porque medía veinte centímetros menos de lo que debía y no se esforzaba tanto como los demás miembros del equipo.

En vez de permitir que las críticas lo afectaran, decidió aplicar una estrategia: superaría a los demás jugadores dedicando más horas a entrenar en la cancha y mejorando su técnica. Con el tiempo, consiguió llegar a los Tar Heels de la Universidad de Carolina del Norte y, más tarde, a los Chicago Bulls.

Fue sólo el principio de su increíble carrera como jugador de baloncesto. Nada de esto habría sido posible si hubiera decidido rendirse muchos años atrás, en secundaria. A propósito de su éxito como jugador dijo: "En mi vida he fracasado una y otra vez. Y es por eso por lo que tengo éxito".

Comenzamos este capítulo con la historia de Michael Jordan porque constituye un buen ejemplo de una persona que demuestra fortaleza mental, dentro y fuera de la cancha. La fortaleza mental se puede describir como una característica de la personalidad que presentan las personas que actúan con constancia cuando están sometidas a presión y muestran otras cualidades similares, como la resiliencia y la perseverancia.

Generalmente, es fácil identificar a las personas que presentan esta característica de la personalidad porque son las que suelen trabajar más duro que los demás, buscan maneras de responsabilizarse de sus objetivos y no permiten que los obstáculos les impidan alcanzar sus sueños. Cuando se concentran en algo, se convierte en su única prioridad. No hay ninguna otra distracción que pueda interponerse en su camino. Por eso, aunque no tengan necesariamente talento para lo que hacen, consiguen triunfar gracias a su fuerza de voluntad y a su actitud de no darse por vencidos.

Hay otras muchas formas de referirse a la fortaleza mental, como por ejemplo ser valiente, abierto y adaptable a los retos, o seguir adelante a pesar del miedo. Pero siempre que pienso en la fortaleza mental, me viene a la cabeza una persona que se niega a abandonar. Esto no sólo es válido a la hora de hacer deporte o de fijarse objetivos en la vida. También se aplica a la relación que tienes contigo mismo.

Cuando la perspectiva que tienes de ti mismo, de otras personas o de la vida en general es negativa, resulta muy difícil sentirte motivado para adquirir hábitos saludables, entablar relaciones significativas y establecer objetivos ambiciosos. La fortaleza mental prepara tu mente para ver más allá de tus circunstancias negativas, para que puedas encontrar la fuerza que te motive cuando todo parece sombrío a tu alrededor.

Es lo que te ayuda a recuperarte tras cada tropiezo y a seguir creyendo en tu potencial. En vez de hacerte pensar que todo siempre saldrá bien, la fortaleza mental te enseña que, aunque las cosas no salgan bien, tienes la capacidad de levantarte e intentarlo de nuevo o tomar un camino diferente. Esta es la razón por la que una persona con fortaleza mental se niega a abandonar: Están convencidas de que nada les resulta imposible de conseguir si continúan persiguiendo sus sueños.

La fortaleza mental puede dividirse en dos partes: resiliencia mental y dominio emocional. En este capítulo exploraremos ambos aspectos iy te mostraremos formas prácticas de incorporarlos en tu vida!

La extraordinaria historia de la roca de Sísifo

Según el mito griego, Sísifo, rey de Éfira, vivió su vida como un criminal. Se metió en tantos problemas que Zeus decidió condenarlo con un castigo eterno. El castigo era empujar una gran roca hacia lo alto de una montaña. Pero Zeus diseñó la montaña de tal forma que cuando Sísifo llegase a la cima, la roca rodaría hasta abajo. Eso significaba que tenía que empezar de nuevo con esa tarea absurda una y otra vez.

Pero a pesar de lo agotadora que era la tarea física, mental y emocionalmente, Sísifo no se quejó. Supo encontrarle sentido al trabajo duro, en lugar de considerarlo un castigo. Cada vez que subía a la cima de la montaña, se imaginaba a sí mismo cada vez más fuerte, haciendo que el viaje le pareciera menos duro. Con el tiempo, empujar una roca montaña arriba se convirtió en parte de su destino, y esto le hizo aceptar su suerte.

Cuántas veces has pensado: "¿Por qué tengo que hacer esto?". O mirado tu larguísima lista de tareas o trabajos escolares y has dicho: "No voy a ser capaz de completarlo". La triste realidad es que la vida no siempre es emocionante, y hay épocas en las que la mayor parte del tiempo lo pasas realizando tareas rutinarias o difíciles. Durante esas temporadas, conviene vigilar qué sentido le das a esas tareas; en caso contrario, podrías sentirte desanimado y agotarte con facilidad.

Convencerte de que no vale la pena seguir con estas tareas rutinarias o difíciles equivaldría a negarte a empujar la roca hacia la cima de la montaña. Esta forma de rebeldía puede resultar fácil al principio, pero con el tiempo puede traerte problemas con los Zeus de tu vida (es decir, tus padres, profesores o entrenador). Asumir las dificultades resulta duro al principio, pero con el tiempo pueden darle sentido a tu vida y te ayudarán a desarrollar lo que se conoce como resiliencia mental.

Cómo una mente resiliente te garantiza un futuro pleno y sin estrés

La resiliencia es una característica de la personalidad relacionada con la capacidad de recuperarse después de afrontar dificultades. Una de sus principales cualidades es la capacidad de adaptarse a las situaciones de la vida y saber cuándo cambiar de rumbo o seguir avanzando. También significa que tu forma de pensar tiene que ser lo suficientemente flexible para afrontar las pérdidas repentinas y reaccionar con rapidez para resolver los problemas.

La resistencia que conduce a la fortaleza mental se denomina resiliencia mental. Hace referencia a la capacidad de adaptar tus pensamientos y de pensar más allá de tu zona de confort durante los momentos difíciles. En vez de derrumbarte o caer en un círculo de pensamientos negativos, puedes separar las emociones y la lógica y decidir con criterio.

El motivo por el que es tan importante desarrollar la resiliencia mental es que habrá situaciones en la vida que no podrás anticipar ni controlar. Por ejemplo, pasar de ser un adolescente que vive en casa a un joven adulto que va a la universidad en otra ciudad. También podría ser una situación que te sorprenda inesperadamente, como descubrir que reprobaste una materia en la escuela o saber que tu mascota está enferma de gravedad. En estas situaciones incontrolables de la vida, la resiliencia mental es lo que te mantiene centrado en encontrar la manera de salir adelante y sobreponerte a las adversidades.

Señales de que te estás convirtiendo en una versión valiente y resiliente de ti mismo

El desarrollo de la resiliencia mental no es un proceso inmediato. Son necesarios mucho tiempo y paciencia para reeducar la mente y afrontar el estrés de forma saludable. Es posible que a lo largo de los años hayas ganado cierto nivel de resiliencia, pero necesitas refrescar esas habilidades. A continuación, te presentamos algunos signos que revelan la fortaleza mental de las personas. Repásalos y descubre cuántos de ellos se reflejan en tu personalidad.

- **Sabes equilibrar la lógica con las emociones.** Eres consciente de que tus emociones a veces pueden nublar tu criterio y te esfuerzas por analizar tus pensamientos antes de aceptarlos como válidos.

- **Prefieres buscar una solución que lamentarte por el problema.** Te orientas hacia la búsqueda de soluciones, lo que quiere decir que, en los momentos difíciles, buscas diferentes maneras de protegerte o de salir del peligro lo antes posible (si es que tienes esa opción).

- **Te sientes cómodo adaptándote cuando te ves obligado a ello.** Cuando se presenta la necesidad de adaptarse al cambio, estás dispuesto a modificar tu rutina diaria, tus costumbres y a habituarte a vivir de otra manera.

- **Aunque tengas miedo, tienes confianza para confrontar tus temores.** Estás dispuesto a salir de tu zona de confort y a superar tus propios límites. No permites que el miedo te impida vivir una vida plena.

- **No consideras el fracaso como un callejón sin salida, sino como una oportunidad de aprendizaje.** Equivocarse o fracasar en algo, no supone nunca el final del camino para ti porque crees que con cada contratiempo vienen valiosas enseñanzas de vida.

- **Te aceptas tal y como eres, siendo sincero sobre la necesidad de superar ciertos hábitos.** No temes admitir que estás progresando, pero no dejas que tus debilidades te desanimen.

- **Puedes alegrarte de verdad por los demás sin menospreciarte por ello.** Eres capaz de separar lo que eres de lo que son los demás y, por eso, no tienes necesidad de competir. El éxito de otra persona no refleja nunca tus capacidades (o la falta de ellas).

5 métodos tradicionales para desarrollar una resiliencia mental estoica

Si la vida te ha golpeado fuerte, es totalmente aceptable que pases tiempo procesando lo sucedido y analizando lo que sientes. Pero nunca es buena idea permanecer deprimido porque, al poco tiempo, la desesperación, el estrés crónico y la ansiedad, empiezan a parecer normales. ¡Debes entrenar tu mente para recuperarte rápidamente de las situaciones estresantes y seguir adelante con tu vida con confianza!

Aquí abajo encontrarás 5 estrategias que podrás poner en práctica para desarrollar tu resiliencia mental.

1. *Aprende nuevas habilidades*

El aprendizaje de nuevas habilidades te coloca fuera de tu zona de confort y te lleva a explorar un mundo de información nueva. Además, puedes ganar confianza en ti mismo cuando adquieres una sensación de dominio y encuentras formas de mejorar tu calidad de vida con estas nuevas habilidades.

¿Qué habilidades nuevas adquiriste últimamente? O ¿cuáles te interesa aprender?

_____

_____

_____

2. Establece objetivos ambiciosos

Establecer un objetivo, definir los pasos a seguir y recorrer el camino hasta ejecutar el plan, pueden aumentar tu resiliencia mental. Esto es así porque la mayoría de los objetivos, sobre todo los objetivos ambiciosos que superan tus límites, necesitan tiempo para completarse. Durante este tiempo, te verás obligado a buscar formas de mantenerte centrado, motivado y comprometido. Así, aumentarás tu fuerza de voluntad y te mantendrás fuerte hasta el final.

Plantéate un objetivo que puedas alcanzar fácilmente en un plazo corto (de cero a seis meses). Cuando pienses en tu objetivo, debes asegurarte de que sea concreto, medible, alcanzable, relevante y de duración limitada. Una vez fijado, establece las medidas que debes tomar y repártelas en tareas diarias, semanales y mensuales.

Aquí abajo tienes un ejemplo:

Objetivo: Levantarte a las seis de la mañana entre semana.

Pasos diarios:

- Trata de no comer o picotear después de las siete de la tarde.

- Apaga los dispositivos tecnológicos a las ocho de la noche.
- Acuéstate a las nueve de la noche.
- Programa tu alarma a las 06:00 de la mañana.

Pasos semanales:

- Practica ejercicio tres veces por semana, durante 15 minutos por sesión (ejercicios de baja intensidad a moderada que puedes hacer en casa).
- Aliméntate de manera balanceada, consumiendo muchas vitaminas y minerales. Evita las bebidas con cafeína y las comidas procesadas.

Pasos mensuales:

- Realiza una autoevaluación para registrar tus progresos y ajustar los pasos a seguir (si fuera necesario).

3. Enfréntate a tus miedos

La exposición controlada es un proceso para superar los miedos mediante una exposición lenta, poco a poco, a las situaciones que generan ansiedad. Puede aumentar la resiliencia mental porque te permite enfrentarte directamente a situaciones reales que han estado creando bloqueos en tu mente. La superación de los miedos incrementa la confianza que tenemos en nosotros mismos para afrontar con seguridad cualquier situación difícil.

¿Tienes alguna fobia que te gustaría superar? Escríbela a continuación y califica tu miedo del uno al diez (diez es extremadamente atemorizante).

A continuación, un ejemplo:

Fobia: Miedo a las arañas—8.5/10

Piensa en los pasos que deberías dar para enfrentarte a tu miedo. Redacta una lista de pasos y asegúrate de que el último consista en enfrentarte directamente con tu miedo.

Por ejemplo, el miedo a las arañas:

Paso 1: Mira el dibujo de una araña.

Paso 2: Mira una foto real de una araña.

Paso 3: Compra una araña de juguete con texturas.

Paso 4: Sujeta el juguete texturizado entre tus manos.

Paso 5: Visita una tienda de mascotas y observa las arañas en las jaulas.

Califica la intensidad del miedo ante cada paso, y fíjate el objetivo de empezar por el que menos miedo te produce y ve avanzando poco a poco hasta el que más miedo te produzca.

Por ejemplo:

Paso 1: Mirar el dibujo de una araña (2/10).

Paso 2: Mirar una foto real de una araña (4/10).

Paso 3: Comprar una araña de juguete con texturas (6/10).

Paso 4: Sujetar el juguete texturizado entre tus manos (7/10).

Paso 5: Visitar una tienda de mascotas y observar a las arañas en las jaulas (8.5/10).

4. *Aprende del pasado*

Tus experiencias pasadas te pueden servir como valiosa fuente de sabiduría. Mirando hacia atrás, podrás encontrar un significado para algunas situaciones que superaste. Naturalmente, algunos acontecimientos pasados te seguirán afectando. Pero también es probable que encuentres otros que te proporcionen valiosas lecciones de vida que podrás aprovechar.

Estas son algunas preguntas que te desafían a buscar significado en las experiencias pasadas ya superadas.

Recuerda un acontecimiento estresante que te haya servido para crecer. Podría ser, por ejemplo, cambiar de escuela, hacer amigos nuevos, llegar a la pubertad o tener problemas en la escuela. ¿Qué sucedió y cómo pudiste beneficiarte de esa experiencia?

_____
_____
_____
_____
_____
_____
_____
_____

Piensa en personas que hayan tenido un papel importante en tu vida. Pueden ser tus padres, abuelos, entrenadores deportivos, amigos o miembros de la comunidad local. Escribe lo que admiras de cada una de ellas y la forma en que te ayudaron a superar diversos retos de la vida.

_____
_____
_____

Recuerda una situación muy estresante que no creías que ibas a superar. Puede tratarse de un examen reprobado anteriormente, un conflicto familiar, o una enfermedad grave. Durante ese período estresante, ¿Qué fortalezas personales aparecieron? ¿Cómo hicieron esas fortalezas que la situación fuera más tolerable?

Piensa en una crisis adolescente que alguna vez hayas vivido. ¿Qué consejo le darías a alguien que pueda estar pasando por el mismo problema? Si, por ejemplo, sufriste acoso escolar, puedes aconsejar a otro adolescente que busque el apoyo de alguien en quien pueda confiar.

5. Cumple con tus tareas

Cuando dices que vas a hacer algo, asegúrate de cumplirlo. No sólo mejorará tu forma de gestionar el tiempo y tus niveles de productividad, sino que además aumentará tu nivel de autoestima. Con el paso del tiempo, aprenderás a confiar en tu capacidad para lograr pequeños y grandes objetivos y te convertirás en alguien en quien los demás también puedan confiar.

¿Se te ocurren formas divertidas de comprometerte a completar tus tareas escolares o laborales? Utiliza tu imaginación para pensar de manera original.

A continuación, algunos ejemplos:

- Busca un amigo que también necesite ayuda para realizar las tareas y asuman la responsabilidad mutuamente. Programen una llamada semanal para revisar sus avances y hablar de sus preocupaciones.

- Establece un sistema de recompensas en el que te des premios pequeños y grandes cuando completes una tarea satisfactoriamente. No olvides que las pequeñas tareas reciben grandes recompensas.

- Configura recordatorios por hora en tu teléfono que te recuerden que debes cambiar de tarea.

- Coloca notas adhesivas con recordatorios en los lugares de la casa que sueles frecuentar.

Conclusiones del capítulo

- La fortaleza mental implica tener una actitud de no darse nunca por vencido. Aunque el objetivo parezca difícil o sientas que tu situación actual no va a mejorar, ¡te niegas a rendirte!

- No hay que confundir la fortaleza mental con ser positivo todo el tiempo. En ocasiones, te encontrarás ante situaciones de la vida que no puedes controlar y que te deprimirán. Pero cuando eres mentalmente fuerte, encuentras la fuerza interior para sobreponerte a tu situación actual y continuar poniendo un pie delante del otro, aunque tengas miedo o te sientas desmotivado.

Capítulo 2: Cómo manejar tus emociones y afrontar los retos de la vida con confianza

No quiero estar en manos de mis emociones. Quiero utilizarlas, disfrutarlas y dominarlas.

–Oscar Wilde

En este capítulo aprenderás:

- Las cuatro habilidades de la inteligencia emocional y ejercicios para ayudarte a cultivarla.

Dominio emocional

El dominio emocional, también conocido como inteligencia emocional (IE), constituye la segunda parte de la fortaleza mental y se puede definir como la capacidad de identificar y comprender las emociones, para poder empatizar con los demás y solucionar conflictos. Poseer fortaleza mental no implica automáticamente demostrar dominio emocional; esto es así porque la inteligencia intelectual (CI) no es la misma cosa que la inteligencia emocional (IE). Cada una de estas habilidades requiere estrategias diferentes y un tiempo considerable para su desarrollo.

Basta con que observes tus relaciones para darte cuenta del valor de tener inteligencia emocional. Consideremos los siguientes escenarios ficticios:

- Te acercas a un amigo íntimo para hablar sobre algunos problemas personales con los que has estado lidiando, pero en vez de escucharte, te interrumpe y comienza a contarte sus problemas y cómo incluso podrían ser peores que los tuyos.

- Te encuentras en una fiesta y lo estás pasando bien cuando de repente se produce una pelea. Lo único que ves son brazos y piernas volando por doquier y dos personas rodando por la pista de baile. La fiesta se suspende de inmediato y todos tienen que irse a casa.

- Un amigo y tú están resolviendo un conflicto, pero las cosas no salen como esperaban. Tu amigo exagera y empieza a gritarte, lo que te dificulta expresar tus verdaderos sentimientos y pensamientos. Ambos se van sintiéndose incomprendidos y ofendidos.

En la primera situación, lo que faltaba era empatía. Todo lo que querías de tu amigo era que te dijera: "Te escucho. Todo va a estar bien". Pero no fue eso lo que obtuviste. En vez de apoyar lo que te había pasado, tu amigo aprovechó la oportunidad para hablar de sí mismo. Esto es señal de poca inteligencia emocional.

Pasemos al segundo escenario. En este caso, el ingrediente que faltaba era falta de autoconciencia de los dos asistentes a la fiesta que se peleaban físicamente. No fueron capaces de controlar sus impulsos emocionales y actuar adecuadamente en un entorno social. Como consecuencia de tener poco conocimiento de sí mismos (y muy poco autocontrol), la noche de diversión de todos se arruinó. Esto también es un signo de baja inteligencia emocional.

Finalmente, en el tercer escenario, lo que faltaba eran capacidades de autoafirmación. Este conflicto entre tu amigo y tú podría haberse resuelto si ambos hubieran sido capaces de expresar sus necesidades con respeto, teniendo en cuenta las preferencias personales del otro. Los gritos y otras tendencias comunicativas agresivas no hicieron más que empeorar las cosas y hacer que ambos se pusieran a la defensiva. De nuevo, éste es un signo de baja inteligencia emocional.

El autor del best-seller *Inteligencia Emocional*, Daniel Goleman, descubrió cuatro habilidades para mejorar el nivel de inteligencia emocional: autoconocimiento, autogestión, conciencia social y gestión de las relaciones. Más abajo encontrarás una descripción de cada una de ellas y formas prácticas de cultivarlas.

Toma conciencia de ti mismo y conoce tu mente

La autoconciencia puede definirse como la capacidad de ser conscientes de nuestros propios pensamientos y sentimientos, y del impacto que pueden tener en nuestras acciones y comportamientos. No sólo es importante para entenderte a ti mismo, también lo es para saber enfrentarte a los demás.

Desde el momento en que salimos a la calle y nos relacionamos con la gente, nuestra forma de actuar es importante. Existen normas sociales que no están escritas y se practican en diferentes lugares, como escuelas, trabajos, bibliotecas y restaurantes. La autoconciencia te ayuda a determinar los comportamientos adecuados en cada entorno, los temas de conversación apropiados y cómo manejar las emociones fuertes para evitar ofender a los demás.

En un concierto, por ejemplo, está bien gritar con todas tus fuerzas, pero no es correcto hacer lo mismo en una biblioteca o en un funeral. En la mesa con tu familia, puedes hablar libremente de temas polémicos como política o religión, pero en una reunión con amigos, los mismos temas pueden generar enojo y provocar conflictos.

En el siguiente espacio, elabora una visión personal acerca de cómo deseas ser percibido por los demás. Escribe los puntos fuertes que te gustaría mostrar más, las características de tu personalidad que te hacen único y la impresión que quieres causar en otras personas.

A continuación, un ejemplo:

Me considero una persona amigable y segura de sí misma que disfruta de su propia compañía, pero que también ama socializar.

Soy amable con los demás y ofrezco consejos a otras personas. Pero también tengo límites y puedo decir que no.

Algo que me hace singular es mi capacidad para empatizar con lo que otros están pasando, también mi habilidad de hacer reír a la gente, así como mi capacidad para hacer amistad con quien sea.

Deseo que los demás se sientan aceptados y comprendidos. Me gustaría que dijeran: ¡Qué conversación tan interesante! ¡Quiero volver a hablar contigo de nuevo!

Autogestión

Otro término para referirse a la autogestión es el autocontrol. Cuando demuestras autocontrol, puedes regular tus emociones anticipándote a que dominen tu cuerpo. De este modo, activas tu lógica y encuentras las soluciones adecuadas a cada situación. El autocontrol supone un gran cambio en la escuela, el trabajo o en cualquier otro lugar en donde haya que rendir bajo presión. Te facilita el cumplimiento de tus planes y la adaptación a los cambios imprevistos de tu entorno.

Es posible controlar las emociones tan pronto como se detectan. Tomemos como ejemplo la ira. Si sientes algo de irritación, podrás notar una sutil tensión en las manos o los hombros y calmarla rápidamente distrayéndote. Pero en cuanto dejas que crezca hasta convertirse en un auténtico enojo, resulta mucho más difícil calmarte.

Piensa en alguna emoción que se desarrolle poco a poco, como la ira, y explica cómo te sientes durante los primeros instantes de dicha emoción. Durante las primeras fases de la ira, por ejemplo, te sientes irritable. También es posible que el ritmo cardíaco se acelere y que te suden las palmas de las manos.

Ahora imagina cómo se siente la emoción cuando alcanza su capacidad máxima y domina tu cuerpo. Describe cómo te sientes y te expresas ante los demás. Si te invade la ira, por ejemplo, quizás tengas ganas de gritar, tirar algo, o aislarte del resto de la gente. Si hablas con otras personas, podrías gritar, decir groserías o echarles la culpa.

Finalmente, haz una lista de las señales de alerta que debes tener en cuenta y que indican que la emoción está aumentando y se está haciendo incontrolable (aprende a detectarlas lo antes posible para poder actuar). Algunas señales de alerta que indican que tu ira está aumentando son la dificultad para respirar, moverse de un lado a otro, no poder hablar, enrojecerse, llorar o elevar el tono de voz.

Comprende a los demás y construye conciencia social

La conciencia social es la capacidad de comprender las necesidades, emociones y preocupaciones de otras personas. Ya sea individualmente o en grupo, la conciencia social te permite interpretar la comunicación verbal y no verbal de otras personas y comprender lo que sienten o lo que necesitan en ese momento. Generalmente, cuando tu conciencia social es elevada, los demás suelen acercarse a ti al sentirse aceptados y comprendidos. Algunos incluso podrían felicitarte y decirte que sabes escuchar o que haces que se sientan cómodos para sincerarse.

Escribe las distintas formas en las que alguien puede mostrar su enojo sin usar palabras. Por ejemplo, apretando las mandíbulas.

Escribe las distintas formas en las que alguien puede decir "necesito hablar contigo" sin palabras. Por ejemplo, quedándose en silencio.

Cuando una persona está incómoda en una situación social, ¿cuáles son los signos físicos que demuestra? Por ejemplo, cruzarse de brazos.

_____
_____
_____
_____
_____

¿Cómo puedes saber si alguien no está prestando atención a lo que le estás diciendo? Por ejemplo, si mira hacia otro lado cuando estás hablando.

_____
_____
_____
_____
_____

Cuando deseas expresarle amabilidad a un desconocido, ¿Cuáles son las distintas formas de hacerlo? Puedes mencionar estrategias de comunicación tanto verbales como no verbales. Por ejemplo, sonreír al pasar, o decir "¡Gracias!" después de que te atendieron.

Cuando quieres decirle a un amigo íntimo o a un familiar lo mucho que lo aprecias, ¿Qué frases podrías decirle? Por ejemplo: "Gracias por estar siempre cuando necesito alguien con quien hablar".

Cómo hacer que tus relaciones sean siempre prósperas

Por último, la cuarta habilidad de la inteligencia emocional es la gestión de las relaciones. Se centra en la calidad de las relaciones que se establecen con los demás. Para sentirte pleno, es importante que aprendas a entablar relaciones tanto a corto como a largo plazo. Las primeras pueden ser con los profesores o los compañeros de clase, mientras que las segundas suelen ser con amigos y familiares con los que se tiene una conexión profunda. Sean cortas o largas, para mantener una relación sana es necesario mantener una comunicación abierta, límites sanos, reciprocidad y empatía.

Aquí abajo encontrarás 15 preguntas sobre las relaciones que puedes hacer a tus amigos, compañeros de clase, compañeros de trabajo o pareja para establecer lazos de comunicación y conocerlos mejor (¡y viceversa!).

1. ¿Tienes un apodo? ¿Cuál es su historia?
2. ¿Cuál es tu hábito o manía más extraña?
3. ¿Qué tipo de niño eras en la guardería?
4. ¿Cuál es tu lenguaje del amor y la amistad?
5. ¿Tienes algún talento oculto?
6. Si sólo pudieras llevarte tres cosas de vacaciones, ¿Cuáles serían?
7. ¿Eres muy unido a tu familia?
8. Si pudieras vivir en cualquier parte del mundo, ¿Dónde vivirías?
9. Si fueras el presidente de los Estados Unidos durante 24 horas, ¿Qué nuevas políticas aplicarías inmediatamente?
10. ¿Hay alguna causa social que apoyes?
11. ¿Eres una persona espiritual?

12. Si pudieras tener un súper poder, ¿Cuál sería?
13. Imagina que ganas la lotería y tienes un millón de dólares para gastar en lo que quieras. ¿En qué gastarías tu dinero?
14. Sólo puedes comer una cosa durante una semana. ¿Qué comida sería?
15. ¿Has conocido alguna vez a alguien famoso? Si no es así, ¿Hay alguien famoso a quien algún día te gustaría conocer?

Conclusiones del capítulo

- Podemos resumir la fortaleza mental en dos factores: La resiliencia mental y el dominio emocional (IE).
- La resiliencia mental es la capacidad de adaptar tu pensamiento, para que puedas orientarte hacia las soluciones y amoldarte a los cambios imprevistos en tu entorno. Por otro lado, el dominio emocional es la capacidad de identificar y comprender tus emociones, para poder empatizar con los demás y entablar relaciones significativas.

Ahora que sabes lo que es la fortaleza mental, vamos a hablar de las estrategias para desarrollarla. La primera estrategia que veremos es la adopción de hábitos saludables.

Capítulo 3: La ciencia de cambiar tu vida mediante hábitos cotidianos

No es lo que hacemos de vez en cuando lo que determina nuestra vida, sino lo que hacemos de manera constante.

—Tony Robbins

En este capítulo aprenderás:

- El proceso científico y psicológico de formación de los hábitos.
- Las tres etapas del bucle del hábito: señal, rutina y recompensa.
- Estrategias fáciles para romper el bucle del hábito y eliminar los malos hábitos o adquirir otros más saludables.

Simplifica el proceso de creación de hábitos duraderos

Un hábito es un comportamiento que se practica una y otra vez hasta que se convierte en automático. Tu cerebro almacena y memoriza la información que procesa cada día para que puedas pensar y reaccionar más rápido ante las tareas y acciones diarias. Imagina cuánto tiempo te llevaría cepillarte los dientes cada mañana. Sin la habilidad de formar hábitos, nuestra vida sería mucho más difícil.

El proceso de formación de hábitos se explica a partir de lo que dicen al respecto la ciencia y la psicología. En el ámbito científico, especialmente en el campo de la neurología, la parte del cerebro responsable de la formación de hábitos se conoce como ganglios basales. Entre otras funciones de esta región se encuentran procesar las emociones y detectar las conductas y los recuerdos.

Antes de que un comportamiento se transforme en un hábito, la corteza prefrontal (la parte del cerebro responsable de las decisiones) es activada. Cuando la corteza prefrontal está funcionando, uno es capaz de vivir nuevas experiencias, decidir entre acciones buenas y malas y desarrollar nuevas habilidades. Como es lógico, cuanto más placentero te resulta el comportamiento, más querrás repetirlo.

Con el paso del tiempo y de las repeticiones, las sensaciones placenteras harán que los ganglios basales despierten y comiencen a memorizar y aprender el comportamiento. En el momento en que los ganglios basales toman el control, la corteza prefrontal se adormece, y comenzarás a actuar de manera automática. Hay que tener en cuenta que no todos los comportamientos despertarán a los ganglios basales. Si por ejemplo no te gusta una tarea, será menos probable que se vuelva un hábito: puede que tengas que esforzarte cada vez que la hagas. La razón es que el cerebro está biológicamente diseñado para buscar el placer y evitar el dolor.

Dado que el cerebro no puede distinguir entre comportamientos moralmente correctos o incorrectos, hasta los malos comportamientos que proporcionan un cierto grado de satisfacción se pueden convertir en hábitos. Fumar cigarrillos, por ejemplo, puede considerarse un mal comportamiento. Pero esto no supone nada para tu cerebro. Si te sientes bien después de fumar un cigarrillo, tu cerebro reconocerá la sensación placentera y te convencerá de repetir el comportamiento una y otra vez. Por eso, es el mismo sistema cerebral el que te ayuda a adoptar buenos y malos hábitos.

Introducción al bucle del hábito

La psicología explica la formación de hábitos a través de lo que se conoce como el bucle del hábito. El concepto fue descubierto originalmente por Charles Duhigg en su libro *El poder de los hábitos* (Duhigg, 2014).

Su objetivo era crear un esquema que explicara las distintas etapas de la formación de hábitos. La comprensión de dicho esquema ayudaría a la gente común, como tú y como yo, a romper con los malos hábitos y a crear otros nuevos.

Hay tres etapas descritas en el esquema: la señal, la rutina y la recompensa. Antes de convertirse en hábitos, los comportamientos suelen pasar varias veces por cada etapa. Aquí abajo encontrarás un resumen de cada una de ellas.

1. La señal

La señal, o estímulo, es aquello que te lleva a pensar en realizar un comportamiento determinado. Puede tratarse de un estímulo interno, como acordarse de alguien o sentir una emoción determinada, o externo, como ir a la escuela, escuchar una canción o conocer gente nueva.

Las señales también pueden adoptar forma de símbolos, como una hora concreta del día, una fecha específica en el calendario, la recepción de una notificación en el teléfono o la asociación de una imagen con una acción específica. No existen reglas fijas sobre lo que puede y lo que no puede considerarse un estímulo, porque cada persona puede sentirse estimulada por algo diferente.

2. La rutina

La rutina hace referencia a lo que mucha gente llama "el hábito". Es el comportamiento particular que realizas, de una forma específica, en un lugar y momento determinados. Las rutinas son también aquello que solemos clasificar como "malo" o "bueno". Por ejemplo, no es saludable comer en exceso porque sobrecargas tu cuerpo con comida. Por otra parte, algunos malos hábitos se realizan involuntariamente. Es posible que seas consciente de lo perjudicial que es tu comportamiento, pero te resulte difícil dejarlo una vez iniciado.

3. **La recompensa**

La recompensa es la etapa final de la creación del hábito que hace que el comportamiento resulte irresistible. Siempre que realizas un comportamiento y sientes un "placer" al hacerlo, el cerebro desea más de esa sensación. Hay que tener en cuenta que hasta los malos hábitos proporcionan recompensas positivas. Puede que tengas el hábito de posponer las tareas escolares. Aunque esta costumbre pueda traerte problemas en la escuela, postergar o aplazar las tareas alivia la ansiedad y te libera de la presión. Por eso, puede resultarte difícil dejar el hábito a causa de la recompensa que obtienes.

Tal vez te preguntes cómo funciona el bucle del hábito en tus actividades diarias. A continuación, algunos ejemplos reales de cómo ciertos comportamientos se convierten en hábitos.

- **Ir al gimnasio:** Conduces hasta el gimnasio después de la escuela (señal), dedicas los siguientes 30 minutos a realizar tu entrenamiento físico de cardio (rutina) y te vas sintiéndote realizado (recompensa).

- **Alimentarte de forma emocional:** Te dan una mala noticia que te produce angustia (señal) y tratas inmediatamente de bloquear tus emociones ordenando comida para llevar en tu restaurante local (rutina). Al comer, te distraes placenteramente con la comida deliciosa y sientes alivio (recompensa).

- **Chismorrear:** Te aproximas a un grupo específico de amigos a los que les gusta el chismorreo (señal) y entras en su conversación (rutina). Mientras hablas con los demás, te sientes aceptado por el grupo, lo que te hace sentir bien contigo mismo (recompensa).

- **Navegar por las redes sociales:** Escuchas el sonido de una notificación y buscas tu teléfono (señal). Esto te lleva a abrir las redes sociales y empezar a navegar por las últimas noticias (rutina). Después de una hora más o menos, te sientes con energía, feliz e informado (recompensa).

- **Compras por Internet:** Aparece un anuncio en Internet con un código de descuento para tu tienda favorita (señal). Esto te lleva a hacer clic en el anuncio, visitar el sitio web y canjear el descuento (rutina). Al final, te sientes como un triunfador por conseguir una oferta en ropa (recompensa).

¿Se te ocurren otros hábitos que realices y que sigan el mismo proceso de tres pasos? Escribe cada uno en la línea correspondiente, junto con la señal, la rutina y la recompensa que lo refuerzan.

_____

_____

_____

_____

_____

_____

_____

_____

_____

Cómo elegir qué hábitos mantener y cuáles abandonar

De la misma forma que puedes hackear tu mente y modificar la programación subconsciente, puedes cambiar tus hábitos también hackeando el bucle del hábito. Los dos momentos en los que necesitarás hackear el bucle del hábito son cuando quieras romper malos hábitos, y cuando quieras aprender hábitos positivos. El mismo esquema te servirá en ambos casos.

A continuación, presentamos de nuevo un breve resumen del esquema del bucle de hábitos:

Señal: El estímulo que te hace recordar un comportamiento.

Rutina: El modelo específico de comportamiento que es realizado de la misma manera, todo el tiempo.

Recompensa: La emoción placentera que sientes después de la realización del comportamiento.

Estas son las estrategias que puedes emplear para romper el bucle de los malos hábitos:

1. *Evita el estímulo*

Cuando intentes abandonar un mal hábito, aléjate lo máximo posible del estímulo. Establece una distancia física y, cuando no puedas, encuentra otras actividades para distraerte y no pensar en ello o verlo. Para algunos estímulos que son realmente fuertes, como los recuerdos negativos de un hecho pasado o la incapacidad de evitar ciertos alimentos, puede ser necesario un apoyo extra que te ayude a evitarlos.

Puedes pedirle a un amigo que te ayude a ser responsable. Su función consistirá en recordarte regularmente el compromiso que has adquirido contigo mismo. Si por ejemplo intentas evitar las tiendas en línea porque siempre terminas comprando algo, pídele que una vez a la semana revise tus avances. Infórmale de tu éxito al evitar el hábito, así como los obstáculos a los que te hayas enfrentado.

Piensa en un mal hábito que te gustaría abandonar. Identifica la señal que desencadena el comportamiento automatizado y escribe algunas ideas sobre cómo impedirlo.

Por ejemplo, quizá quieras abandonar el hábito de comer a medianoche. El estímulo que desencadena el hábito es cuando llega esa hora.

2. Ten en cuenta la rutina

El motivo por el que muchos malos hábitos nos pasan desapercibidos es que los realizamos de manera inconsciente. Cuando eres consciente de tu comportamiento, podrás detenerte antes o durante la acción y tomar un rumbo diferente. Si, por ejemplo, deseas dejar de hablar negativamente de alguien, deberás practicar para ser consciente de cuándo empiezas a hacerlo.

Analiza la rutina: cómo empieza, se desarrolla y normalmente termina. Observa de qué humor te encuentras normalmente cuando se produce esa rutina, el lugar en el que te encuentras y la gente con la que estás. Observando todas estas señales te resultará más fácil darte cuenta de cuándo empieza el hábito y hacer lo contrario.

Con el mismo mal hábito antes mencionado, escribe el principio, el medio y el final de la rutina. También puedes mencionar otros datos útiles, como por ejemplo dónde y cuándo tiene lugar la rutina y con quién sueles estar.

Por ejemplo, ésta es la rutina que sigues al comer a medianoche:

- El reloj marca las doce.
- Empiezas a sentir hambre.
- Piensas en ir a la cocina y comer algo.

- Al final, tomas algo de comer y vuelves a tu habitación.
- Ves un episodio de tu serie favorita mientras comes.
- Al terminar el episodio, apagas el dispositivo, apartas el envase vacío e intentas irte a dormir.

3. Haz que la recompensa sea poco atrayente

Un comportamiento se ve reforzado por la recompensa que se obtiene al realizarlo. Para romper un hábito, tu trabajo es hacer que la recompensa resulte lo menos atractiva posible.

Se trata de hacer que tu cerebro experimente malestar, en lugar de placer, todas las veces que practicas un mal hábito. Por ejemplo, si te obsesiona jugar videojuegos, guarda tu consola en casa de un amigo (elige a alguien que viva muy lejos), para que estés menos motivado a jugar cada día o cada semana.

Según el mal hábito que quieras romper, escribe algunas sugerencias de cómo puedes hacer que la recompensa te resulte poco atrayente.

A continuación, te ofrecemos algunas sugerencias para hacer que comer a media noche no sea apetecible:

- No compres ni dejes caramelos ni golosinas en casa (o, en todo caso, guárdalos bajo llave y dásela a otra persona).
- Intenta acostarte antes para poder dormir antes de la medianoche
- Autoriza a tus padres a retener 10 dólares de tu paga cuando cometas un descuido y termines picoteando.

Todas las estrategias anteriores están enfocadas en acabar con los malos hábitos. Pero si les damos la vuelta, aprenderemos a adoptar hábitos saludables. En lugar de evitar el estímulo, podrías diseñar nuevos estímulos seleccionando cuidadosamente la hora, el lugar y los símbolos que te recordarán que tienes que realizar un comportamiento determinado.

Después, tendrás que crear una nueva rutina estableciendo pasos específicos que deberás seguir de forma religiosa cada vez que te llegue el estímulo. Por último, debes encontrar la manera de gratificar a tu cerebro por la práctica del hábito saludable. Piensa en beneficios físicos y psicológicos que hagan que tengas ganas de volver a repetir el comportamiento.

Conclusiones del capítulo

- Cada vez que un comportamiento se hace automático, nuestro cerebro crea hábitos. Estos comportamientos automáticos se memorizan y almacenan en una región de tu cerebro denominada ganglios basales.

- No todos los hábitos son necesariamente buenos para ti, ¡y tu cerebro no sabrá la diferencia! Lo que motiva a tu cerebro a incorporar un nuevo comportamiento es poder obtener placer de él.

- Puedes romper con los malos hábitos o adoptar hábitos saludables si entiendes el bucle del hábito. Este esquema de tres pasos, formado por el estímulo, la rutina y la recompensa, se puede ajustar para deshabituar a tu cerebro de un comportamiento determinado o animarlo a aprender uno nuevo.

Felicítate por haber aprendido a controlar tus hábitos. Es una habilidad maravillosa que puede aumentar tu nivel de autocontrol, algo crucial para la fortaleza mental. Pero además de aprender nuevos hábitos, necesitarás saber cómo fijarte nuevos objetivos. Después de todo, adoptar cualquier hábito requiere mucha práctica, y ¿Cómo puedes comprometerte a hacerlo si no te estableces objetivos?

Capítulo 4: Desbloquea el compromiso inquebrantable y acércate cada día más a tus objetivos

El problema de no tener un objetivo es que puedes pasarte la vida yendo de arriba hacia abajo por la cancha y nunca anotar.

–Bill Copeland

En este capítulo aprenderás:

- Los beneficios de salir de la zona de confort y perseguir un objetivo que merezca la pena.
- Cómo determinar qué objetivos perseguir haciéndote preguntas difíciles.

Adquiere el sentido de autodominio

Un hijo de un famoso ladrón le pidió a su padre que le enseñara a entrar en las casas. Aquella noche, unos 10 minutos antes de las doce, ambos salieron en automóvil para buscar una casa que robar.

Se encontraron con una casa grande y aislada de las demás en una calle y planificaron su entrada. En pocos minutos, el ladrón había conseguido forzar la cerradura de la puerta principal y desactivar la alarma. El hijo observaba a su padre con asombro, admirando la brillantez de sus técnicas.

A unos metros de la puerta había un pequeño armario donde la familia guardaba los abrigos. "Psst...", le susurró el ladrón a su hijo, "entra en el armario y saca unos cuantos abrigos para nosotros". El hijo se alegró de que le encomendaran una tarea fácil, de modo que siguió las instrucciones y entró en el armario.

En cuanto entró, el ladrón cerró la puerta del armario y lo encerró allí dentro. A continuación, abandonó la casa en puntillas y se marchó en su automóvil. El hijo golpeó frenéticamente la puerta del armario, rogando a su padre que le dejara salir. El alboroto causado por los golpes despertó a la familia y llamaron al servicio de vigilancia.

Al cabo de una hora, el muchacho volvió a casa agotado. "Padre, ¿te das cuenta del peligro en que me metes? Si no fuera por mi rapidez mental y mi resolución para salir del armario, ¡ahora mismo estaría en la cárcel!".

El ladrón no pudo evitar sonreír. "Hijo", respondió, "acabas de completar tu primera lección sobre el arte del robo".

En la vida existen ciertas habilidades que sólo se aprenden con la experiencia. No hay libro ni podcast que te ayuden a adquirirlas, a menos que inviertas tiempo y esfuerzo. Fijar objetivos es una herramienta que te ayuda a planificar la forma de conseguir las habilidades y los resultados deseados, en un periodo de tiempo determinado y mediante tácticas específicas. Sirve para concentrarse en un número determinado de tareas, en vez de dividir la atención entre varias tareas que no aportan ningún beneficio.

Con el paso del tiempo, establecer objetivos puede llevarte a desarrollar fortaleza mental. No hay más que pensar en lo mentalmente agudo y creativo que tuvo que ser el muchacho para salir del armario antes de que lo atraparan. Y, por si fuera poco, ¡tuvo que pensar bajo presión! Marcarse objetivos y esforzarse por conseguirlos, ayuda a utilizar otras facetas de la mente, por ejemplo, la creatividad y la intuición. No sólo te enfrentas a nuevas experiencias que no habías vivido antes, sino también a nuevos retos que requieren nuevos comportamientos.

No es casual que, durante el proceso de alcanzar un objetivo, tiendas a convertirte en una mejor versión de ti mismo. Esto ocurre porque, tanto si eres consciente como si no, estás adaptándote a los cambios de tu entorno y aprendiendo a tener éxito fuera de tu zona de confort. Por eso, como me gusta decir, incluso si nunca alcanzas tus objetivos, ¡lo bueno ocurre a lo largo del camino!

Destruye el miedo a no saber lo que quieres

Antes de establecer objetivos significativos, debes decidir qué es lo que quieres. Esta tarea es más fácil de decir que de hacer. Lo cierto es que hay muchas cosas que puedes desear, unas a corto plazo y otras a largo plazo. Pero no todo lo que quieres es necesariamente algo que valga la pena intentar.

Si te tomas un momento para pensar en tus verdaderas necesidades y deseos, es posible que te quedes con una pequeña lista de cinco cosas, o incluso menos. Eso es porque de los cientos de deseos que se te ocurren, los que verdaderamente te entusiasman pueden contarse con los dedos de una o dos manos. Antes de empezar a fijarte objetivos, deberás tener claras las cosas que quieres para tu vida. Esto implica hacerte preguntas difíciles para separar los deseos superficiales de los auténticos y ser concreto sobre lo que estás dispuesto a perseguir.

Ya que este proceso puede resultar difícil, estas preguntas están pensadas para ayudarte a estimular tu mentalidad creativa y a profundizar en ti mismo para encontrar las cosas que te apasionan.

1. ¿Qué cosas te hacen feliz? Por ejemplo, ¿eres feliz practicando algún deporte, con tus amigos, con un proyecto personal, etc.?

2. ¿Qué necesitas? Las necesidades son cosas que mejoran tu calidad de vida. Pueden ser: amistades estables, una mejor salud o un buen rendimiento escolar.

3. ¿Qué pasatiempos o actividades te apasionan? Por ejemplo, nadar, pintar, hablar en público, bailar o ser voluntario.

4. ¿Qué harías si no tuvieras miedo? Por ejemplo, ¿hacer nuevos amigos, aprender a defenderte, inscribirte en un deporte o abrir un blog?

5. Piensa en tres personas que admires. Escribe diferentes virtudes que admires de ellas y que te gustaría desarrollar. Por ejemplo, puedes admirar la actitud emprendedora de tus padres en el trabajo. Esta actitud puede ayudarte a mantenerte concentrado y motivado en la escuela.

Otra herramienta útil que puede ayudarte a descubrir lo que quieres es identificar tus principios fundamentales. Los principios por los que te guías son tus valores fundamentales. Estos principios son los que definen lo que es para ti una vida plena. Si persigues metas que están en sintonía con tus principios y valores es posible que puedas llevar una vida feliz y tranquila.

Lo primero que debes hacer para identificarlos es escribir una lista de todos aquellos valores con los que te identificas. Para ello, mira la siguiente tabla y rodea con un círculo todos los valores que representen aquello que te importa.

Paz interior	Independencia	Libertad
Familia	Éxito	Respeto
Aventura	Socialización	Ayudar a los demás
Educación	Éxito profesional	Salud
Espiritualidad	Determinación	Creatividad
Trabajo duro	Apoyo	Ambición

Bienestar	Control	Comunicación
Amor	Generosidad	Inconformidad
Autoconocimiento	Superación personal	Aprendizaje
Liderazgo	Autoridad	Cooperación

De los valores que rodeaste con un círculo, escribe tus 10 valores principales.

_____

_____

_____

_____

_____

_____

_____

_____

_____

_____

Reflexiona acerca de cómo se reflejan estos 10 valores en tu vida. Por ejemplo, ¿influyen en tus palabras, acciones y decisiones?

Si vivieras de acuerdo con estos 10 valores, ¿cómo sería tu estilo de vida? Describe tu estilo de vida ideal acorde con tus valores. Por ejemplo, explica cómo serían tus mañanas, el tipo de amistades que tendrías, los pasatiempos a los que dedicarías tiempo, etc.

Ahora que has respondido a las cinco preguntas y realizado el ejercicio sobre valores fundamentales, puedes tener una idea más clara de los objetivos que deseas alcanzar. El próximo paso es escribir tus objetivos y elaborar un plan de trabajo.

Conclusiones del capítulo

- Hay objetivos en la vida que no puedes alcanzar observando a otra persona. Exigen que salgas de tu zona de confort e inviertas tu tiempo y esfuerzo para lograrlos.

- Establecer metas es una de las mejores formas de adquirir autocontrol y fortaleza mental porque te exige adquirir nuevos hábitos y enfrentarte a nuevos retos, lo que genera resiliencia.

- Antes de establecer objetivos, primero tienes que pensar en lo que realmente quieres. Recuerda que no todos los deseos valen la pena. Por lo general, los que vale la pena alcanzar son los que te hacen feliz, te motivan, contribuyen a mejorar tu calidad de vida y se ajustan a tus valores.

Capítulo 5: Cómo establecer y fijar objetivos

El mayor peligro para la mayoría de nosotros no está en apuntar demasiado alto y quedarnos cortos, sino en hacerlo demasiado bajo y alcanzar nuestro objetivo.

-Miguel Ángel

En este capítulo aprenderás:

- El proceso paso a paso de establecimiento de objetivos mediante el método SPORT.

Objetivos SPORT

De acuerdo con una investigación de la Universidad Estatal de Michigan, el 76% de las personas que establecen por escrito sus objetivos, y un plan concreto de cómo actuar, terminan consiguiéndolos. Este porcentaje se comparó con el 43% de personas que no escribieron sus objetivos pero que, no obstante, fueron capaces de alcanzarlos (Traugott, 2014). Lo que resulta evidente es que el proceso de establecimiento de objetivos es fundamental antes de emprender el proceso de alcanzar un objetivo.

Cuando se trata de establecer objetivos, es frecuente oír hablar de los objetivos SPORT (objetivos deportivos). Esta sigla describe un método para convertir tus deseos en objetivos realizables, de forma que puedas seguir fácilmente tus progresos y ser responsable de ellos. Hay cinco pasos para establecer objetivos SPORT:

- Singularidad
- Positividad
- Observación
- Realismo
- Tiempo limitado

Mediante el seguimiento de esta sencilla estructura a la hora de establecer objetivos, puedes eliminar todo tipo de confusiones o ilusiones que puedan dificultar la concentración en tu objetivo. Las siguientes preguntas te ayudarán a empezar con el proceso de establecimiento de objetivos SPORT.

Lo primero que tienes que hacer es escribir tu objetivo, el deseo que te gustaría alcanzar.

Estos son algunos ejemplos de objetivos aspiracionales:

- Mejorar mi concentración en la escuela.
- Ser más sociable y hacer nuevos amigos.

- Saber cómo establecer límites saludables con amigos y familiares.
- Priorizar mi salud física comiendo alimentos más saludables.

El segundo paso es seguir el método SPORT y darle a tu objetivo más claridad y estructura.

Singularidad

Tu objetivo debe ser singular, debes ser específico sobre tu objetivo supone hacer una descripción de éste, con palabras sencillas y frases directas. Este objetivo debe ser tan fácil de leer y entender que un alumno de quinto grado pueda explicártelo. Entre los factores clave que puedes incluir se encuentran describir el "quién", el "qué", el "dónde" y el "cómo" de tu objetivo.

Aquí tienes algunas preguntas para orientarte:

1. ¿Qué quieres lograr? Por ejemplo, quiero perder peso.

2. ¿Quién está involucrado? Por ejemplo, sólo yo.

3. ¿Dónde esperas conseguirlo? Por ejemplo, yendo al gimnasio.

4. ¿Cómo esperas lograrlo? Por ejemplo, concentrándome en ejercicios de cardio.

Escribe el nuevo objetivo después de concretarlo. Por ejemplo, quiero perder peso yendo al gimnasio y haciendo ejercicios de cardio.

Positividad

Ahora que ya tienes un objetivo específico y singular, asegúrate de que sea positivo. Lo cierto es que, si tu objetivo no te inspira, te resultará difícil comprometerte con él. Existen herramientas del lenguaje muy útiles para conseguir que tu objetivo sea positivo, como utilizar un tono emotivo y el tiempo presente.

Aquí tienes algunas preguntas para orientarte:

1. ¿Cómo quieres sentirte? Por ejemplo, quiero sentirme saludable y lleno de energía.

2. ¿Cómo deseas comportarte? Por ejemplo, quiero tener más confianza en mí mismo.

Escribe el nuevo objetivo después de hacer que sea definitivo. Por ejemplo, quiero perder peso yendo al gimnasio y haciendo ejercicios de cardio para sentirme saludable, lleno de energía y seguro de mí mismo.

Observación

Hasta ahora, tu objetivo es singular y positivo. El próximo paso es asegurarte de que sea observable. Si un amigo cercano observara tu vida, ¿Qué cambios vería que demuestran que vas por buen camino para alcanzar tu objetivo o que ya lo has logrado? En este caso, la atención se concentra en buscar datos estadísticos, logros y otros objetivos específicos que indiquen que ya has alcanzado tu objetivo.

Aquí tienes algunas preguntas para orientarte:

1. ¿Cuáles serán las diferencias más notables? Por ejemplo, me entrarán mis vaqueros talla 34.

2. ¿Qué empezarás a hacer de forma diferente? Por ejemplo, empezaré a seguir una dieta nutritiva.

3. ¿Qué cambios notarán los demás? Por ejemplo, se darán cuenta de que sonrío más y soy más activo cuando salgo con amigos.

Escribe el nuevo objetivo después de hacer que sea observable. Por ejemplo, quiero perder peso yendo al gimnasio y haciendo ejercicios de cardio para sentirme saludable, lleno de energía y seguro de mí mismo. Me daré cuenta de que estoy progresando porque me entrarán los vaqueros talla 34 y seguiré una dieta nutritiva. Mis amigos notarán una diferencia en mí porque sonreiré con frecuencia y seré más activo a la hora de salir con ellos.

_____

_____

_____

_____

_____

_____

Realismo

Los objetivos a los que aspiras deben ser realizables, es decir, debes ser capaz de alcanzarlos con los recursos que tienes a tu disposición. Ponerse como objetivo ganar la lotería no sería realista porque existen muchos factores que están fuera de tu control, incluyendo el hecho de que quizá seas demasiado joven para apostar. Por eso, piensa si eres capaz de alcanzar tu objetivo con las habilidades, el tiempo, el dinero y el apoyo que ya tienes. De no ser así, tal vez tengas que hacer algunos ajustes.

Algunas preguntas para orientarte:

1. ¿Cuánto tendrás que esforzarte para conseguir tu objetivo? Por ejemplo: Tendré que ir al gimnasio por

lo menos tres veces por semana, durante 30 minutos por sesión.

2. ¿Dispones de las habilidades o recursos necesarios para lograr tu objetivo? Por ejemplo: Sí, ya soy socio de un gimnasio y sigo entrenadores personales en YouTube que dan consejos útiles para entrenar.

3. ¿Te ves logrando tu objetivo? Por ejemplo: Sí, me veo logrando mi objetivo. Está a mi alcance.

Escribe el nuevo objetivo después de haberlo establecido de manera realista. Por ejemplo: Quiero perder peso yendo al gimnasio y haciendo ejercicios de cardio para sentirme saludable, lleno de energía y seguro de mí mismo. Me daré cuenta de que estoy progresando porque podré ponerme mis vaqueros talla 34 y seguiré una dieta nutritiva. Mis amigos también notarán una diferencia en mí porque sonreiré con más frecuencia y seré más activo a la hora de salir con ellos. Para alcanzar mi objetivo, deberé ir al gimnasio al menos tres veces por semana, durante 30 minutos por sesión. Estoy seguro de que, con este plan de entrenamiento y los consejos útiles a mi disposición, ¡lograré mi objetivo!

Tiempo limitado

Para terminar de redactar y reestructurar tu objetivo, establece un plazo razonable para completarlo. El establecimiento de un plazo resulta útil porque te permite administrar tu tiempo con mayor eficacia y decidir cuántos días, semanas o meses destinar a cada tarea. Recuerda que puedes modificar el plazo en cualquier momento, especialmente cuando se presenten circunstancias inesperadas en tu vida. Simplemente establece un nuevo plazo y ¡haz todo lo posible por cumplirlo!

Aquí tienes algunas preguntas para orientarte:

1. ¿Cuándo puedes empezar a trabajar en tu objetivo? Por ejemplo, después de los exámenes semestrales.

2. ¿Qué días y en qué horario te puedes comprometer a trabajar en tu objetivo? Por ejemplo, iré al gimnasio los lunes, miércoles y jueves a las cinco de la tarde.

3. ¿Con qué frecuencia revisarás tus progresos? Por ejemplo, una vez al mes mediré distintas partes de mi cuerpo, me pesaré y analizaré mis hábitos alimenticios (mirando lo que he anotado en mi diario de comidas).

4. ¿Para qué fecha esperas haber alcanzado exitosamente tu objetivo? Por ejemplo, dentro de seis meses.

Escribe el nuevo objetivo después de haber establecido un plazo.

Por ejemplo, quiero perder peso yendo al gimnasio y concentrándome en ejercicios de cardio para sentirme saludable, lleno de energía y seguro de mí mismo. Me daré cuenta de que estoy progresando porque podré ponerme mis vaqueros talla 34 y seguiré una dieta nutritiva. Mis amigos notarán una diferencia en mí porque sonreiré con frecuencia y seré más activo a la hora de salir con ellos.

Para lograr mi objetivo, tendré que ir al gimnasio al menos tres veces por semana, durante 30 minutos por sesión. ¡Estoy seguro de que con este plan de entrenamiento y los consejos útiles que tengo a disposición, alcanzaré mi objetivo! Comenzaré a trabajar en ello después de los exámenes semestrales. Iré al gimnasio los lunes, miércoles y jueves a las cinco de la tarde, y comprobaré mis progresos una vez al mes. Tengo previsto completar mi objetivo en seis meses.

Imagínate que estás a punto de subir una larga escalera. Cada peldaño simboliza una tarea concreta que tienes que realizar para subir hasta el siguiente, hasta que hayas subido toda la escalera. Para no abrumarte por los numerosos peldaños que te esperan, piensa en el más próximo de ellos. Olvídate de todos los demás y concéntrate en este peldaño lo máximo posible. Cuando lo hayas subido, sigue subiendo y subiendo hasta alcanzar la meta.

Crea nuevos hábitos, estimula tu crecimiento

La formación de nuevos hábitos es necesaria cuando nos proponemos nuevos objetivos. Pero antes de comenzar con lo que quieres proponerte, deberás identificar los hábitos saludables o beneficiosos que influirán de forma positiva en tu vida. Estos son cuatro pasos que te ayudarán a reflexionar acerca de los hábitos que deberías adoptar para conseguir tu próximo objetivo.

1. Escribe tu objetivo de mayor importancia utilizando el método de establecimiento de objetivos SPORT.

Por ejemplo, quiero perder peso yendo al gimnasio y haciendo ejercicios de cardio para sentirme saludable, lleno de energía y seguro de mí mismo. Me daré cuenta de que estoy progresando porque podré ponerme mis vaqueros talla 34 y seguiré una dieta nutritiva. Mis amigos notarán una diferencia en mí porque sonreiré con frecuencia y seré más activo a la hora de salir con ellos.

Para lograr mi objetivo, tendré que ir al gimnasio al menos tres veces por semana, durante 30 minutos por sesión. Estoy seguro de que, con este plan de entrenamiento y los consejos útiles a mi alcance, ¡lo voy a lograr! Comenzaré a trabajar en ello después de los exámenes semestrales. Iré al gimnasio los lunes, miércoles y jueves, a las cinco de la tarde, y comprobaré mis progresos una vez al mes. Tengo previsto completar mi objetivo en seis meses

2. Escribe dos o tres comportamientos clave para alcanzar tu objetivo. Por ejemplo, para alcanzar el objetivo mencionado, tendrías que comprometerte a hacer ejercicio con regularidad y seguir una dieta sana.

3. Crea hábitos para poner en práctica estos comportamientos. Por ejemplo, podrías ir al gimnasio a determinada hora y cocinar platos caseros saludables.

4. Escribe los hábitos que tienes en la actualidad y que podrían impedirte alcanzar tu objetivo, y cuáles son los nuevos comportamientos que necesitas adoptar para mantenerte en la dirección correcta. Por ejemplo, puede que acostumbres dejar las cosas para

más tarde. Para impedir que esto perjudique tu objetivo, prepara la ropa del gimnasio la noche anterior y planifica un día en el que prepares toda la comida de la semana, ¡así cocinar será muy rápido!

Conclusiones del capítulo

- Una vez que hayas averiguado lo que deseas, puedes escribir tus objetivos siguiendo el método SPORT de establecimiento de objetivos, y transformar tus deseos en objetivos específicos, positivos, observables, realizables y con un plazo determinado.

No se pueden alcanzar los objetivos de un día para el otro: requieren mucho tiempo, esfuerzo y paciencia. Esto quiere decir que tendrás que trabajar mucho para lograr los resultados que buscas. En el siguiente capítulo exploraremos otra estrategia para el desarrollo de la fortaleza mental: el esfuerzo y el talento.

Capítulo 6: Combina lo mejor de dos mundos: Esfuerzo y talento

El trabajo duro supera al talento cuando el talento no trabaja duro.

–Tim Notke

En este capítulo aprenderás:

- Cómo se relacionan el esfuerzo y el talento, y cómo ambas cualidades condujeron al éxito al mejor jugador de fútbol del mundo.
- Consejos para descubrir tus talentos naturales y adquirir el carácter de una persona que se esfuerza al máximo.

Resuelve de una vez por todas la abrumadora pregunta: ¿Esfuerzo o talento?

En el ámbito deportivo, y quizás en otros ámbitos de la vida, como el empresarial, hay un debate permanente acerca de si el esfuerzo supera al talento, o si el talento supera al esfuerzo.

El motivo de este debate es sencillo: Las personas quieren encontrar la mayor ventaja que puedan utilizar para alcanzar sus objetivos. Quienes son trabajadores y no temen dedicar muchas horas a sus trabajos, ¡dirán que el esfuerzo supera al talento en todo momento! Y los que han nacido con talento te dirán que sus habilidades naturales les permiten alcanzar niveles de éxito que el esfuerzo por sí solo no podría.

Tómate un momento para reflexionar sobre este tema. ¿Cuál es tu opinión respecto a la utilidad del esfuerzo y el talento?

Quizás te interese saber cuál es mi postura en este debate. Para darte mi punto de vista, compartiré la historia de un atleta llamado Cristiano Ronaldo. Si te gusta el fútbol, lo conocerás como el futbolista portugués más goleador de todos los tiempos, ¡entre otras cosas!

Buena parte del éxito que Ronaldo ha conseguido en su carrera profesional es debido a su talento en el campo de juego, incomparable con el de casi cualquier otro jugador. Lo primero que destaca es su velocidad. Hay pocos jugadores capaces de dejar atrás a los defensas y de mantener el control del balón como Ronaldo. Durante un partido entre su equipo, el Manchester United, y el West Ham en 2021, se registró que corría a 32,51 km/h (es decir, 20,2 mph). Eso lo convirtió en el futbolista más rápido sobre el campo (Nair, 2021).

Aparte de por su velocidad, el máximo goleador de todos los tiempos también es conocido por sus dinámicos tiros libres. Es capaz de patear el balón desde cualquier ángulo del campo, hasta una distancia de 35 metros. Cuando no está lanzando el balón, esquiva a los defensas más aguerridos y aprovecha su complexión musculosa de 1,90 metros para saltar por encima de los jugadores y abrirse paso en espacios reducidos, todo ello sin perder nunca el balón.

Es innegable que Ronaldo es un jugador talentoso. Sin embargo, si le preguntan cómo llegó a la cima, no mencionará el talento. En numerosas entrevistas, Ronaldo le atribuye su éxito como futbolista profesional a su madre… ¡y al esfuerzo!

Durante una entrevista concedida a Eurosport en 2016, Ronaldo habló sobre el debate entre el talento y el esfuerzo: "Si tienes talento, pero no te esfuerzas, no conseguirás nada. En mi carrera, siempre me he esforzado en los entrenamientos y en los partidos. Es el esfuerzo lo que lleva al éxito" (Eurosport, 2016).

Seguramente te preguntarás en qué consiste el "esfuerzo" de uno de los mejores futbolistas de la historia. Aquí tienes un día cualquiera en la vida de Cristiano Ronaldo:

- 6 a.m.: Dos horas de ejercicio
- 8 a.m.: Siesta durante 90 minutos
- 9:30 a.m.: Desayuno
- 10:30 a.m.: Dos horas de ejercicio
- 12:30 p.m.: Siesta durante 90 minutos

- 2 p.m.: Almuerzo
- 3 p.m.: Siesta durante 90 minutos
- 4:30 p.m.: Segundo almuerzo
- 7 p.m.: Cena
- 8 p.m.: Tiempo en familia
- 10 p.m.: Sesión de natación
- 11 p.m.: Relax e ir a la cama

Si bien Ronaldo despliega talento en el campo de fútbol, su vida cotidiana se basa en mucho esfuerzo (unas cinco horas de entrenamiento para ser exactos). Por consiguiente, en este debate debo decir que tanto el talento como el esfuerzo son necesarios para alcanzar los objetivos.

Cómo reconocer tus talentos y darles vida

Los talentos son los puntos fuertes o habilidades naturales con las que nace cada persona. Hay que destacar que todo el mundo tiene talento para algo, sin importar lo común o poco común que sea ese talento.

Se puede clasificar como talento a cualquier tipo de habilidad que se realice con más facilidad que el resto de las personas. Un ejemplo: la mayor parte de los adultos jóvenes saben cómo freír un huevo. Pero si tus habilidades culinarias son superiores al promedio, entonces tendrás talento para la cocina. Por eso, hallar tu talento implica descubrir lo que haces mejor, ¡aunque es más fácil decirlo que hacerlo!!

Muchos de nosotros ignoramos lo que sabemos hacer bien, y mucho menos para lo que tenemos talento. Es probable, por ejemplo, que sigas las tendencias populares que aprendes en las redes sociales y creas que ya has encontrado tu talento, pero la verdad es que has aprendido una nueva habilidad. No olvides que los talentos son habilidades que te nacen de forma natural. No tienes que invertir tantas horas aprendiendo o poniendo en práctica tus talentos porque simplemente te salen con facilidad.

Es un error común confundir las destrezas con las habilidades naturales, sobre todo en el caso de las personas muy inteligentes con tendencia a comprender rápidamente los conceptos. Pero esto puede perjudicarte a la hora de establecer objetivos, planificar tu carrera profesional o determinar tu meta. Puedes, entre otras cosas, elegir una profesión en la que seas muy habilidoso, pero que no te apasione porque no estás aprovechando tus talentos naturales. Conozco a muchos profesionales del sector bancario que eran artistas con talento natural y pasaron décadas de su vida trabajando en una profesión equivocada.

Si no sabes si un comportamiento es una habilidad o un talento, recurre a esta sencilla tabla comparativa:

Habilidades	Talentos
La experiencia para realizar una tarea específica de forma efectiva, que requiere una formación constante.	La capacidad natural de hacer algo mejor que el promedio de las personas, con muy poca formación.
Se desarrollan con el tiempo, a través del estudio y la experiencia vital.	Surgen desde el nacimiento y se puede reconocer a partir de los tres años de edad.
Pueden cuantificarse mediante niveles, grados o etapas de maestría.	Difíciles de medir o cuantificar, porque son algo natural.
Pueden ser adquiridas por muchas personas, como cuando toda la clase pasa al curso siguiente.	Por lo general, los adquieren pocas personas, como por ejemplo si un alumno de la clase es un genio de las Matemáticas.

También es útil aprender a combinar tus habilidades naturales para definir tus intereses y pasiones. A los quince años ya sabrás cuales son algunos de tus puntos fuertes. Estos puntos fuertes te llevarán hacia determinadas actividades. Así, por ejemplo, si tienes facilidad de palabra, es posible que te atraiga debatir, hablar en público u ocupar cargos de responsabilidad en tu escuela. En el futuro, estos puntos fuertes podrían inspirarte a desarrollar determinadas profesiones que exigen hablar en público.

Estas preguntas te ayudarán a relacionar tus talentos con tus intereses y pasiones.

1. Escribe una lista de cinco cualidades positivas. Estos son rasgos de carácter que reflejan quién eres. Por ejemplo, puedes ser amable, curioso, trabajador, centrado y creativo, o puedes ser generoso, alegre y analítico.

_____

_____

_____

_____

2. De la lista, identifica cualidades que benefician de forma positiva tu bienestar, tu trabajo y a otras personas. Por ejemplo, ser centrado puede beneficiar positivamente tu carrera educativa, o ser amable te ayudará a entender mejor a los demás.

_____

3. Vuelve a consultar la lista, y en esta ocasión, identifica las tareas diarias que mejor destacan estas cualidades. Por ejemplo, el fuerte vínculo que mantienes con tus amigos íntimos destaca tu amabilidad, o tu pasión por la escritura resalta tu creatividad.

4. Piensa ahora en aficiones que te interesen y que dependan mucho de estas cualidades. Por ejemplo, quizá te guste bailar, que depende mucho de tu capacidad creativa, o leer, que depende de una mente curiosa.

5. Finalmente, piensa en carreras en las que tener cada una de estas cualidades te ayudaría a tener éxito. Por ejemplo, ser muy trabajador te beneficiaría mucho en el sector de las finanzas, mientras que ser amable te ayudaría mucho en el ámbito de la psicología.

___

___

___

5 consejos para descubrir tu potencial oculto

Si no te resulta fácil identificar tus talentos, no te preocupes. Existen muchas formas de descubrir en qué eres bueno por naturaleza. Estos son cinco consejos para descubrir tus talentos.

1. *Realiza un test de personalidad*

Hay varios tests de personalidad gratuitos en Internet que pueden ayudarte a descubrir tus puntos fuertes y tus talentos. Uno de los mejores es el Indicador de Personalidad Myers-Briggs, que te ayudará a identificar tus características personales y tus motivaciones individuales. Puedes incluso utilizar los resultados del test para determinar a qué asignaturas universitarias o campos profesionales te adaptarías mejor.

2. *Controla hacia dónde va tu dinero*

Otro consejo es fijarse en aquello en lo que ahorras. Cómo gastas tu dinero determinará lo que valoras. Así, por ejemplo, un lector entusiasta gastará unos cuantos dólares en leer libros habitualmente, mientras que alguien a quien le guste la música probablemente tendrá una suscripción mensual o ahorrará para conciertos o música en vivo.

3. *Obtén la opinión de tus amigos y familiares*

La gente más cercana a ti puede aportar una valiosa perspectiva acerca de tus habilidades naturales. Ellos han estado a tu lado y observado tu desarrollo durante varios años, así que podrían compartir sus opiniones sobre aquello para lo que eres bueno. Pídeles a tus amigos y familiares que sean sinceros con sus comentarios, para poder identificar comportamientos comunes.

4. *Recuerda lo que te gustaba de niño*

Son muchos los objetos y actividades que fascinan a un niño que está creciendo, pero pocos los que lo obsesionan. Reflexiona sobre cuáles eran tus obsesiones de la infancia y qué era lo que más te gustaba de ellas. Analizar tus intereses pasados puede revelarte aquello por lo que siempre has sentido afinidad o pasión. Puede que, por ejemplo, de niño pasaras mucho tiempo jugando con animales. Esa obsesión puede poner en evidencia tu capacidad natural para nutrir las cosas.

5. *Observa lo que admiras en los demás*

En ocasiones, lo que elogias o admiras de otra persona te revela aquello con lo que conectas profundamente. Si admiras a un famoso por defender una causa, quizá seas un apasionado del cambio social y la justicia. Piensa en cinco personas a las que admires por diferentes motivos. Escribe lo que admiras de ellas y lo que esto podría revelar sobre ti.

Conclusión del capítulo

- Desde hace tiempo se discute si el talento o el esfuerzo son el arma secreta para alcanzar los objetivos. Aunque todavía no está decidido, las dos estrategias son formas positivas de aprovechar tus puntos fuertes y adoptar hábitos saludables.

Capítulo 7: En qué consiste el esfuerzo

El precio del éxito es el esfuerzo, la dedicación al trabajo y la convicción de que, ganemos o perdamos, habremos dado lo mejor de nosotros mismos a la tarea que tenemos entre manos.

–Vince Lombardi

En este capítulo aprenderás:

- Consejos para convertirte en un trabajador comprometido y apasionado

En qué consiste el esfuerzo

A diferencia del talento, el esfuerzo no es una habilidad natural. Imagínate lo increíble que sería si así fuera. El esfuerzo es una habilidad que hay que desarrollar con el tiempo, a través de un trabajo físico y mental constante.

Esforzarse significa, en definitiva, ir más allá de lo necesario para alcanzar un objetivo. Al fin y al cabo, ¿de qué serviría esforzarse si no tuviéramos un objetivo que alcanzar? El esfuerzo es lo que te permite centrarte en el objetivo y mejorar progresivamente tu rendimiento para obtener resultados satisfactorios.

Dado que el esfuerzo está relacionado con estar motivado por un objetivo mayor, hay distintos tipos de motivaciones que podemos identificar y que te pueden inspirar a mantener un cierto nivel de esfuerzo y alcanzar tus deseos.

Entre ellas:

1. *Motivación intrínseca*

Cuando estás intrínsecamente motivado, estás inspirado para esforzarte por conseguir una motivación personal, un deseo o un propósito que no puedes imaginar. Puede que, por ejemplo, estés muy motivado para convertirte en jugador profesional de baloncesto, porque ese es uno de tus sueños de la infancia. Esa motivación intrínseca te impulsaría a esforzarte al máximo para desarrollar tus habilidades en el básquet y llegar lo más lejos posible en este deporte.

2. *Motivación extrínseca*

La motivación extrínseca hace referencia a estar motivado por factores del entorno, como lograr el éxito, ser aceptado por los demás o llevar un determinado estilo de vida. La mayor parte del tiempo, cuando navegas por las redes sociales, lo que ves te motiva extrínsecamente. Quizá, por ejemplo, te sientas inspirado a perder peso después de ver cómo una persona con influencia consigue hacerlo. O puede que tengas una motivación extrínseca para ser médico porque tus padres lo son y estás muy orgulloso de ellos.

3. Motivadores positivos y negativos

Otra fuente de motivación que influye en la intensidad con la que trabajas son los motivadores positivos y negativos. Se refieren a experiencias vitales que han influido en la forma en que te ves a ti mismo y lo que deseas de la vida. Por ejemplo, si ves a tu hermano mayor ir a la universidad, es posible que quieras esforzarte para seguir sus pasos. Esto sería un ejemplo de motivador positivo. Por otra parte, si nadie de tu familia ha ido nunca a la universidad, es posible que te animes a ser la primera persona en vivir esa experiencia. Este sería un ejemplo de motivador negativo.

Cada uno de estos motivadores se encuentran presentes en tu vida y determinan tu disposición para esforzarte.

5 consejos para ser un trabajador comprometido y apasionado

Seguramente alguna vez has sentido un arranque de inspiración y motivación para esforzarte mucho. Puede que tus altos niveles de concentración y esfuerzo hayan durado unas horas o unas semanas, hasta que finalmente quedaste exhausto y te sentiste como si estuvieras al borde del agotamiento. Hecho como es debido, el esfuerzo se convierte en un modo de vida que no lleva ni al agotamiento físico ni al mental. Estos son algunos consejos para ser un gran trabajador y mantenerse saludable.

1. Divide tus objetivos en tareas pequeñas

Proponerse grandes metas es fantástico, pero cuando se trata de alcanzar un objetivo, puedes conseguir mucho si lo divides en tareas más sencillas y fáciles de manejar. Si, por ejemplo, deseas aprender una lengua extranjera, podrás hacer tareas menores que te permitirán ir adquiriendo conocimientos.

Puedes habituarte a escribir las palabras nuevas que descubres y utilizarlas en una frase, mirar una serie televisiva con subtítulos o cambiar la configuración del idioma en tus redes sociales. Con estas pequeñas acciones te aseguras de estar expuesto a una lengua extranjera de distintas y variadas formas cada día, sin que la información te abrume.

2. Rodéate de personas con motivaciones

El escritor y conferencista motivacional, Jim Rohn, dijo en una ocasión: "Eres el promedio de las cinco personas con quienes pasas más tiempo" (Doorn, 2019). Lo que quería decir con esto era que después de algún tiempo, tus actitudes y comportamientos reflejarán los de las personas con las que mayormente te relacionas.

Así, si deseas ser un trabajador dedicado, deberás pasar más tiempo con otros trabajadores que también lo sean; de este modo, podrán influirse mutuamente de forma positiva para esforzarse y estar dispuestos a exigirse responsabilidades los unos a los otros. Esto significaría, entre otras cosas, conocer personas que tengan objetivos o intereses parecidos a los tuyos, o formar parte de algún grupo que realice actividades determinadas, como estudiar juntos, realizar algún deporte o ejercitarse.

3. *Programa descansos frecuentes*

Si regresas al principio del capítulo y te fijas en la rutina diaria de Cristiano Ronaldo, verás que, entre entrenamiento y entrenamiento, duerme siestas de 90 minutos. Esto lo hace para lograr un equilibrio; después de un entrenamiento agotador, permite que su cuerpo descanse y se reponga. Si quieres esforzarte al máximo, tendrás que dedicar tiempo en tu apretada agenda para el descanso. En vez de dormir una siesta, dedica 15 minutos a descansar al aire libre y tomar sol, o realiza un ejercicio de respiración durante cinco minutos para que la mente no piense en nada.

4. Recuérdate el gran propósito

Siempre hay una razón que te motiva a esforzarte. Busca pequeñas formas de recordarte a diario esa motivación. Por ejemplo, puedes crear un tablero de sueños con fotografías que reflejen tus objetivos personales y la vida que deseas vivir. Por la mañana, dedica 10 minutos a mirar el tablero y a recordarte por qué vale la pena esforzarse. También podrías programar notificaciones en tu teléfono que suenen varias veces al día para que te recuerden el objetivo que estás persiguiendo.

5. Practica la regla 80/20

La regla 80/20, conocida también como Principio de Pareto, es una pirámide de productividad que puede ayudarte a administrar tu tiempo de forma inteligente. El principio establece que el 80% de los resultados positivos que buscas se pueden conseguir concentrándote en el 20% de las tareas (Tardi, 2022). Esto significa que solamente el 20% de las tareas que realizas cada día son prioritarias.

Por ejemplo, imagina que tienes diez tareas que hacer en un día en particular:

- Pedir una beca universitaria.

- Estudiar para un examen de matemáticas dentro de tres días.
- Llamar a tu mejor amigo para saber cómo está.
- Sacar a pasear a tu perro.
- Ordenar tu habitación.
- Mirar un episodio de tu serie de televisión favorita.
- Grabar un vídeo para YouTube.
- Ir al gimnasio.
- Salir con la bicicleta.
- Pasar tiempo de calidad con tu familia.

Sólo dos de esas diez tareas (el 20%) podrían considerarse importantes. La clave para aplicar la regla del 80/20 es identificar cuál de esas tareas es la que produce más resultados. Puede que decidas que estudiar para tu examen de matemáticas e ir al gimnasio tienen la máxima prioridad, y que las demás entran dentro del 80%. Comenzarías el día realizando esas dos tareas y, si aún te sobra tiempo, te dedicarías a las restantes. Si estás persiguiendo un objetivo concreto, deberías identificar la tarea más importante que puede ayudarte a conseguirlo y priorizarla a primera hora de la mañana, cuando la mente todavía está fresca y despierta.

Parte del esfuerzo es recordar que no se puede hacer todo a la vez. Las personas que son mentalmente fuertes son conscientes de que mientras más tareas tengan que hacer, menos tiempo dedicarán a cada una de ellas. Esto significa que, aunque parezca que están ocupados, trabajan menos. Por este motivo es importante tener tareas de prioridad y concentrarse en una sola tarea a la vez. No sólo aumentará la calidad de tu rendimiento, sino que también ahorrarás mucho tiempo.

Al contrario que la multitarea, la monotarea te permite concentrarte en tu trabajo, tanto si estás estudiando como haciendo deporte. Además, puede ayudarte a establecer un plan tridimensional. El plan es sencillo: **Suprime** las tareas innecesarias de tu calendario, **delega** las tareas más manejables en otras personas y **duplica** las tareas más importantes. Así, por ejemplo, si nos fijamos en la lista anterior de 10 tareas, podemos suprimir un episodio de nuestra serie favorita, delegar el paseo del perro en uno de nuestros hermanos y duplicar el tiempo dedicado a estudiar para el examen de matemáticas que tenemos dentro de tres días. Elabora tu propia lista de 10 tareas y ponte a practicar cómo suprimirlas, delegarlas y duplicarlas.

Conclusión del capítulo

- Aunque se nace con talento, eso no es excusa para no tener que esforzarnos. Podemos tener un talento increíble, ¡pero tenemos que estar dispuestos a trabajar cada día!

Capítulo 8: CAPÍTULO EXTRA: Desarrolla la autodisciplina y apégate a tus objetivos

Somos lo que hacemos repetidamente. Por lo tanto, la excelencia no es un acto, sino un hábito.

-Aristóteles

En este capítulo aprenderás:

- El valor de la autodisciplina, y por qué ésta es muy superior al talento o al esfuerzo.

Autodisciplina y logro de objetivos

Abraham Lincoln, decimosexto Presidente electo de los Estados Unidos, tenía orígenes humildes. Dejó de estudiar cuando sólo estaba en primaria porque su padre quería que empezara a trabajar. Pese a no tener una educación formal, Lincoln consiguió libros prestados entre sus vecinos y aprendió por sí mismo Shakespeare, Matemática, la Biblia y las leyes de los Estados Unidos. Todos estos conocimientos los adquirió mientras trabajaba a tiempo completo, lo cual demuestra lo disciplinado que debió ser.

Más adelante dijo lo siguiente sobre la autodisciplina: "La disciplina es optar entre lo que quieres ahora y lo que más deseas". Reflexiona sobre esta frase y qué significa para ti.

Para poder salir de un entorno de pobreza y multiplicar sus posibilidades de éxito, Lincoln no podía contar sólo con el talento o el esfuerzo. En cualquier cosa que hiciera, ya fuese cultivar la tierra o aprender a leer, para él era importante ser constante. Esto fue lo que lo ayudó a pasar de un nivel de maestría al siguiente hasta que, con el tiempo, se convirtió en el líder de una nación.

A menudo se piensa que la autodisciplina implica adquirir todos los conocimientos posibles. Pero si nos fijamos en las personas más exitosas del mundo, muchos de ellos no fueron genios en la escuela. Aunque absorber información es importante, conocer mucho sobre algo no necesariamente te hace tener éxito en ello. Lo importante son tus comportamientos, como tu constancia, la forma en que te levantas de cada contratiempo y lo mucho que estás dispuesto a trabajar.

Es posible que hayas identificado talentos únicos que se pueden convertir en pasiones, pero si no te comprometes a desarrollarlos y a esforzarte de forma constante, será difícil pasar de un grado de dominio al siguiente. La autodisciplina es como la gasolina que le pones a un automóvil. Es posible que tengas la suerte de tener un automóvil y estar seguro del destino al que deseas llegar, pero si no hay gasolina en el vehículo, no se moverá ni un centímetro.

La autodisciplina es el transporte que te lleva del punto A al punto B en la vida. También es lo que te garantiza permanecer firme cuando llegan tiempos difíciles y sientes la tentación de abandonar. Por lo tanto, independientemente de que estés desarrollando tus talentos o esforzándote, necesitas tener autodisciplina para seguir progresando a largo plazo. Estas son seis características de alguien que posee autodisciplina. ¡Mira la lista y descubre con cuántas de ellas te identificas!

- **Se comprometen con sus planes.** Cumplen con su palabra. Una vez que toman una decisión, se concentran en su ejecución, sin replantearse sus planes ni dudar a la hora de empezar.

- **Evitan la tentación.** Saben que la mejor manera de no caer en la tentación es evitarla por completo. Establecen límites firmes para no exponerse a nada que pueda desviarles del camino.

- **Priorizan la salud.** Para progresar constantemente, son conscientes de que su cuerpo y su mente tienen que estar en buena forma. Esto normalmente significa no renunciar a dormir bien, alimentarse de forma nutritiva, realizar ejercicio físico y entablar relaciones sociales positivas.

- **Desarrollan hábitos saludables.** Dedican mucho tiempo a adquirir comportamientos saludables. Si los observas, podrías pensar que no se divierten, pero en realidad están entrenando sus cerebros para que redefinan lo que es la diversión y experimenten el placer de trabajar para conseguir sus objetivos.

- **Encuentran una buena rutina y la mantienen.** Una parte del desarrollo de hábitos saludables implica establecer rutinas. Las personas disciplinadas saben cuál es la mejor manera de planificar su tiempo y priorizan las tareas diarias para poder hacer el mayor número de cosas posible cada día.

- **No permiten que su estado de ánimo determine sus acciones.** Independientemente de que tengan o no ganas de realizar una tarea, la harán. Comprenden que las emociones no siempre pueden determinar la realidad y que, a veces, se interponen en el camino hacia la consecución de los objetivos. Las personas disciplinadas suelen tomar decisiones basándose en lo que hay que hacer y no en lo que les parece bien.

Si quieres desarrollar algunas de estas características, es importante que seas sincero sobre los aspectos de tu vida en los que te falta disciplina y lo que crees que debes hacer para seguir por el buen camino y alcanzar tus objetivos. Más abajo encontrarás algunas sugerencias para escribir en tu diario acerca de la disciplina que te pueden ayudar en este proceso.

1. ¿Cuál es tu definición de autodisciplina? Si tuvieras que explicarle a un amigo qué es la autodisciplina, ¿Cómo lo harías?

_____
_____
_____
_____

2. Identifica un área de tu vida en la que puedas beneficiarte de más autodisciplina. Por ejemplo, ¿necesitas más autodisciplina para estudiar, controlar lo que comes o reducir tu uso de las redes sociales?

_____
_____
_____
_____

3. Establece un plan para lograr una mayor disciplina en este aspecto de tu vida. Si, por ejemplo, te gustaría ser más disciplinado a la hora de estudiar, podrías incluir un plan de 10 pasos que indique lo que necesitas hacer para que el estudio forme parte de tu día a día. Tu plan puede ser el siguiente:

Paso 1: Confecciona un horario de estudio con todas tus asignaturas.

Paso 2: Escribe tus objetivos para cada asignatura (lo que tienes que aprender). Por ejemplo, en idioma español, memorizar las reglas gramaticales puede ser uno de tus objetivos.

Paso 3: Diariamente, reserva 25 minutos para escribir resúmenes. Céntrate cada día en una asignatura (te puedes guiar por tu horario de estudio).

Paso 4: Encuentra un compañero de estudio como apoyo moral. Busca a alguien que quiera recibir ayuda en las mismas áreas que tú. Como, por ejemplo, un amigo que también necesite ayuda para aprender matemáticas.

Paso 5: Programa repasos mensuales de las asignaturas con tus profesores. Reúnete con ellos una vez al mes y repasen las áreas que te preocupan (es decir, aquellos conceptos que no entiendes del todo). Pregunta y muéstrate receptivo a los comentarios.

Paso 6: Mira vídeos en YouTube que enseñen técnicas y consejos de estudio.

Paso 7: Utiliza otras técnicas para resumir la información además de los apuntes. Por ejemplo, dibuja gráficos, infografías o ilustraciones para visualizar la información.

Paso 8: Descansa del estudio. Planifica descansos durante el día y por lo menos dos días de descanso a la semana. En los días de descanso, guarda los libros y realiza actividades divertidas.

Paso 9: Repasa los objetivos de tus asignaturas. Evalúa tus progresos cada mes respecto a las asignaturas fijadas. Es un buen momento para redefinir tus objetivos o marcarte otros nuevos.

Paso 10: Prémiate por cumplir los objetivos de cada asignatura. Disfruta de un momento especial, como tomar un helado, cuando completes un objetivo. Puedes hacer un certificado, imprimirlo y colgarlo en un lugar donde lo veas con regularidad.

También puedes establecer una fecha límite para la realización de cada paso o la frecuencia con la que lo repites. Por ejemplo, mirar vídeos en YouTube puede ser algo que hagas una vez a la semana, mientras que tomarte descansos para estudiar puedes hacerlo varias veces al día.

Si quieres tener más autodisciplina en un deporte en particular, prepara un plan similar de diez pasos. Según el deporte que practiques, el plan podría ser el siguiente:

Paso 1: Mira vídeos tutoriales acerca de diferentes técnicas deportivas.

Paso 2: Dedica una hora diaria a entrenar (puedes decidir cuántas veces quieres entrenar a la semana). Elabora un calendario de entrenamiento y determina en qué trabajarás cada día. Los lunes son para ejercicios de cardio, los martes para entrenamiento de fuerza y los miércoles para descansar.

Paso 3: Define los objetivos deportivos en los que te gustaría trabajar. Por ejemplo, si juegas al fútbol americano, podrías concentrarte en mejorar la velocidad.

Paso 4: Habla con tu entrenador sobre tus objetivos deportivos. Infórmale en qué estás trabajando y en qué áreas necesitas ayuda. Puedes, por ejemplo, pedirle consejos que te permitan correr más rápido.

Paso 5: Adapta tu dieta. Analiza lo que estás consumiendo y de qué manera puede estar afectando tu rendimiento deportivo. Elabora un plan de alimentación semanal y escribe las opciones de comida para el desayuno, el almuerzo y la cena.

Paso 6: Planifica días de descanso. Reserva tiempo para descansar entre las sesiones de entrenamiento. Ten un plan de actividades que puedas realizar en tus días de descanso. Por ejemplo, puedes aprovechar tus días de descanso para pasar tiempo con tu familia o dedicarte a actividades creativas.

Paso 7: Mira contenidos que te motiven. Anímate a trabajar más viendo motivación deportiva.

Paso 8: Realiza una revisión mensual de tus progresos. Comprueba lo lejos que has llegado en el cumplimiento de tus objetivos. Si es necesario, reajusta tus objetivos.

Paso 9: Encuentra formas de recompensarte por alcanzar tus objetivos deportivos. Busca pequeñas formas de mostrarte agradecido por tu gran esfuerzo.

Paso 10: Márcate nuevos objetivos deportivos para entrenar diferentes técnicas y destrezas.

4. Escribe varias formas de hacer un seguimiento de tus progresos a la hora de llevar a cabo tu plan estratégico. Puedes, por ejemplo, programar una llamada semanal con tu compañero de estudio para repasar los progresos en las tareas escolares o, si estás practicando un deporte, concentrarte en un objetivo concreto, como llegar a un determinado peso.

5. ¿Qué emociones negativas podrían obstaculizar tu compromiso con tu plan estratégico? Por ejemplo, ¿sueles posponer las cosas? ¿O te desanimas con facilidad cuando no te salen las tareas escolares?

6. Piensa en formas dinámicas de responder a estas emociones cuando aparezcan. Por ejemplo, si te sorprendes a ti mismo postergando las cosas, consulta tu lista de tareas y concéntrate en completar las que requieran menos tiempo y esfuerzo, para después ir trabajando poco a poco en las que lleven más tiempo.

7. ¿Cómo puedes recompensarte por ser disciplinado en ese aspecto de tu vida? Por ejemplo, si progresas en los estudios, puedes premiarte con una hora más de televisión o una salida con tus amigos el fin de semana.

Conclusiones del capítulo

- Independientemente de que te inclines por desarrollar tus talentos o por esforzarte, tu nivel de autodisciplina será el gran ecualizador. La autodisciplina es la capacidad de seguir por el buen camino para poder lograr tus objetivos, pese a cómo te sientas o a los retos que se te presenten. Es el medio de transporte que te lleva del punto A al punto B y que garantiza que tus palabras coincidan con tus acciones.

- Exploramos varias estrategias que pueden ayudarte a desarrollar tu fortaleza mental.

Conclusión

Potenciar el nivel de nuestra mente es la única forma de disminuir las dificultades de la vida.

—Mokokoma Mokhonoana

La fortaleza mental constituye hoy en día un elemento esencial del desarrollo personal. Consiste en tener una actitud de no darse nunca por vencido y negarse a abandonar, aunque te enfrentes a objetivos difíciles o situaciones exigentes. La fortaleza mental no significa ser siempre positivo, sino tener la fuerza interior necesaria para superar una situación difícil y continuar avanzando a pesar de los obstáculos.

Son dos los componentes principales de la fortaleza mental: La resiliencia mental y el dominio emocional. La resiliencia mental consiste en la capacidad de adaptar el pensamiento y focalizarse en las soluciones, mientras que el dominio emocional supone identificar y entender las emociones para establecer relaciones significativas.

Los hábitos juegan un papel importante en la configuración de nuestro comportamiento. Eliminar los malos hábitos y adquirir otros saludables, depende de la comprensión del bucle del hábito, que consiste en la señal, la rutina y la recompensa.

Establecer objetivos es una de las formas más eficaces de desarrollar la fortaleza mental y el autocontrol. Estos objetivos te obligan a salir de tu zona de confort y a adquirir nuevos comportamientos, lo que fomenta la resiliencia. Para fijar objetivos eficaces, es fundamental que primero identifiques lo que realmente quieres y te asegures de que tus objetivos se ajusten a tus valores.

El talento y el esfuerzo son formas positivas de alcanzar tus objetivos, aunque la autodisciplina es el gran ecualizador. La autodisciplina es la capacidad de no desviarse del camino y lograr las metas, a pesar de las dificultades o los contratiempos. Independientemente de si confías en el esfuerzo o en el talento, la autodisciplina y la constancia son imprescindibles para garantizar que tus acciones coincidan con tus palabras

A lo largo de este manual, has aprendido sobre la fortaleza mental al explorar diferentes temas, tales como el desarrollo de la resiliencia mental y el dominio emocional, el cultivo de hábitos saludables y el establecimiento de objetivos ambiciosos. Siéntete libre de consultar el libro, o los ejercicios específicos que contiene, cada vez que necesites un recordatorio acerca de cómo recuperar el control de tus pensamientos, emociones y comportamientos.

Tu viaje hacia la fortaleza mental ya ha comenzado. ¡Disfruta del proceso de convertirte en la versión más resiliente de ti mismo!

Gracias

Querido lector, me gustaría aprovechar este momento para agradecerte. Sin tu compra e interés, no sería capaz de seguir escribiendo libros tan útiles como éste. Nuevamente, GRACIAS por leer este libro. Ojalá lo hayas disfrutado tanto como yo al escribirlo.

Antes de irte, tengo que pedirte un pequeño favor. **¿Podrías escribir una reseña de este libro en la plataforma? La publicación de una reseña contribuirá con mi escritura.**

Tus opiniones son muy importantes y me ayudarán a seguir publicando textos más interesantes en el futuro. Estoy deseando recibir tus comentarios.

Sólo tienes que seguir el enlace que figura a continuación.

>> Clic aquí para dejar una reseña en Amazon y ver mis otros libros <<

Referencias

Abika. (s.f.). Historias zen para contar a tus vecinos. En Arvind Gupta Toys.https://www.arvindguptatoys.com/arvindgupta/zen-for-neighbours.pdf

Bathla, S. (mayo 20, 2019). 6 Tipos de modelos de pensamiento y ¿Cuál debería ser el tuyo? Medium. https://medium.com/@sombathla/6-types-of-thinking-patterns-and-what-should-be-yours-acc498492b5a

Bolland, P. (junio 23, 2016). Reflexiones: La roca de Sísifo. Peter Bolland. http://peterbolland.blogspot.com/2016/06/the-rock-of-sisyphus.html

Branch, R., & Willson, R. (2012). Libro de ejercicios de terapia cognitivo-conductual para principiantes, 2ª ed., Madrid, España. John Wiley & Sons.

Brian, P. (septiembre 26, 2021). 25 Personas resilientes que superaron el fracaso para alcanzar un gran éxito.Ideapod.com. https://ideapod.com/resilient-people-who-overcame-failure-to-achieve-huge-success/

Chernoff, M. (junio 5, 2016). 12 Frases que te traerán paz cuando te enfrentes a personas difíciles. Marc y Angel Hack Life. https://www.marcandangel.com/2016/06/05/12-quotes-that-will-bring-peace-when-you-deal-with-difficult-people/

Cherry, K. (octubre 2017, 22). Cómo la resiliencia ayuda a afrontar las crisis. Verywell Mind. https://www.verywellmind.com/what-is-resilience-2795059

Cooks-Campbell, A. (abril 11, 2022). ¿Qué quieres en tu vida? 11 preguntas y consejos para averiguarlo.Www.betterup.com. https://www.betterup.com/blog/what-do-i-want

Doorn, M. van. (junio 17, 2019). Eres el promedio de las cinco personas con las que pasas más tiempo. Medium. https://maartenvandoorn.medium.com/you-are-the-average-of-the-five-people-you-spend-the-most-time-with-a2ea32d08c72#:~:text=In%20the%20words%20of%20motivational

Duhigg, C. (2011). Cómo funcionan los hábitos. Charles Duhigg. https://charlesduhigg.com/how-habits-work/

Duhigg, C. (2014). El poder de los hábitos: por qué hacemos lo que hacemos en la vida y en los negocios. Random House Trade Paperbacks.

Dweck, C. S. (2006). Mentalidad: La nueva psicología del éxito. Ballantine Books.

Embogama. (agosto 5, 2016). Diferencia entre consciente y subconsciente. Definición, comparación de funciones y procesos.Pediaa.com. https://pediaa.com/difference-between-conscious-and-subconscious-mind/

Eurosport. (marzo 19, 2016). Cristiano Ronaldo: El esfuerzo es fundamental para mi éxito. Eurosport; Eurosport. https://www.eurosport.com/football/cristiano-ronaldo-hard-work-is-vital-to-my-success_sto5324288/story.shtml

Fabrega, M. (marzo 9, 2016). Cómo no rendirse - 8 estrategias para no abandonar.Daringtolivefully.com. https://daringtolivefully.com/how-to-not-give-up

Goleman, D. (en.). 4 Habilidades de inteligencia emocional para manejar las crisis.Www.kornferry.com.

https://www.kornferry.com/insights/this-week-in-leadership/emotional-intelligence-skills-coronavirus-leadership#:~:text=The%20four%20domains%20of%20Emotional

Goleman, D. (2005). Inteligencia emocional. Bantam Books.

Good Reads. (en.-a). *Citas de David Goggins (autor de Can't Hurt Me)*.Www.goodreads.com. https://www.goodreads.com/author/quotes/17977069.David_Goggins

Good Reads. (s.f.-a). Cita de Germany Kent.Www.goodreads.com. https://www.goodreads.com/author/show/8557658.Germany_Kent

Good Reads. (s.f.-b). Cita de Sadie Robertson.Www.goodreads.com. https://www.goodreads.com/author/show/8209245.Sadie_Robertson

Good Reads. (s.f.-c). El poder de tu subconsciente frases de Joseph Murphy.Www.goodreads.com. https://www.goodreads.com/work/quotes/2037992-putting-the-power-of-your-subconscious-mind-to-work#:~:text=%E2%80%9CJust%20keep%20your%20conscious%20mind

Griffin, T. (septiembre 1, 2022). Aprender del fracaso: Lecciones valiosas para recordar. Business.com. https://www.business.com/articles/learning-from-failure/

Hurley, K. (Julio 14, 2022). ¿Qué es la resiliencia? Definición, tipos, desarrollo de la resiliencia, ventajas y recursos | everyday health. EverydayHealth.com. https://www.everydayhealth.com/wellness/resilience/

Indeed Editorial Team. (junio 4, 2021). 8 Consejos para esforzarse. Indeed Career Guide. https://www.indeed.com/career-advice/career-development/tips-for-how-to-work-hard

Indeed Editorial Team. (septiembre 16, 2º22) ¿Qué significa esforzarse? Indeed Career Guide. https://ca.indeed.com/career-advice/career-development/work-hard#:~:text=Hard%20work%20is%20going%20above

Jewell, T., & Hoshaw, C. (Noviembre 5, 2021). Respiración diafragmática: ejercicios, técnicas y más. Healthline. https://www.healthline.com/health/diaphragmatic-breathing#steps

Kelly, D. C. (septiembre 27, 2022). 48 Citas sobre el esfuerzo que te ayudarán a alcanzar tus metas.Blog.hubspot.com. https://blog.hubspot.com/sales/hard-work-quotes

Kihu, M. (abril 1, 2019). 5 Maneras de hackear tu subconciente y desvelar tu mejor vida. Fearless Soul. https://iamfearlesssoul.com/hack-your-subconscious-mind/

Killoren, C. (enero 13, 2021). 52 preguntas románticas para conocer mejor a tu pareja.Hellorelish.com. https://hellorelish.com/articles/romantic-questions-to-ask-your-partner.html

Lagudu, S. (septiembre 19, 2022). 51 citas inspiradoras sobre la vida de los adolescentes. MomJunction. https://www.momjunction.com/articles/teen-life-quotes_00462262/

Laurinavicius, T. (octubre 12, 2022). 30 frases sobre la fortaleza mental que te inspirarán a esforzarte más. Best Writing. https://bestwriting.com/quotes/mental-toughness

Leaf, C. (marzo 8, 2021). ¿En qué se diferencian la mente y el cerebro? Un neurocientífico lo explica. Mindbodygreen.

https://www.mindbodygreen.com/articles/difference-between-mind-and-brain-neuroscientist

Mavi, M. (mayo 15, 2018). 10 cosas que tienen en común las personas muy disciplinadas. Atrium. https://www.atriumstaff.com/10-things-highly-disciplined-people-have-in-common/

Mayberry, M. (enero 18, 2017). 10 grandes citas sobre el poder de los objetivos. Entrepreneur. https://www.entrepreneur.com/leadership/10-great-quotes-on-the-power-of-goals/287411

Melman, C. (2012, octubre 17, 2021). 5 cosas que Cristiano Ronaldo hace mejor que Lionel Messi. Bleacher Report. https://bleacherreport.com/articles/1373932-5-things-that-cristiano-ronaldo-does-better-than-lionel-messi

Mental Toughness Partners. (octubre 26, 2016). Señales clave de que eres mentalmente más fuerte que la mayoría. www.mentaltoughness.partners. https://www.mentaltoughness.partners/mentally-stronger/

Mental Toughness Partners. (2022) ¿Qué es la fortaleza mental? www.mentaltoughness.partners.

https://www.mentaltoughness.partners/what-is-mental-toughness/

Morgan, P. (en.). Guiones fáciles para conversaciones difíciles. Soluciones para la resiliencia.https://www.solutionsforresilience.com/hard-conversations/

Mr. Curry. (marzo 26, 2016). "Disciplina es elegir entre lo que más deseas y lo que quieres ahora". — Abraham Lincoln – Lee's Martial Arts. Leesbloomington. https://www.leesbloomington.com/2016/03/26/discipline-is-choosing-between-what-you-want-now-and-what-you-want-most-abraham-lincoln/

Nair, K. (septiembre 22, 2021). Cristiano Ronaldo desafía a la edad y marca 32,51 km/h para ser el jugador más rápido sobre el terreno de juego. Republic World. https://www.republicworld.com/sports-news/cricket-news/cristiano-ronaldo-defies-age-clocks-32-dot-51-km-h-to-become-fastest-player-on-field.html

Olusola, L. (agosto 20, 2022). Dominio emocional: Por qué es importanteThe Guardian Nigeria News. https://guardian.ng/features/emotional-mastery-why-it-matters/

Outreach. (noviembre 19, 2021). Pensamientos negativos y depresión. Sage Neuroscience Center. https://sageclinic.org/blog/negative-thoughts-depression/

Owaves. (enero 15, 2021). Un día en la vida: Cristiano Ronaldo, leyenda del fútbol. Owaves.com. https://owaves.com/day-plan/day-life-cristiano-ronaldo/

Pallas, A. (Julio 7, 2021). 5 Estrategias para desarrollar la empatía con las personas "difíciles".Www.linkedin.com. https://www.linkedin.com/pulse/5-strategies-develop-empathy-difficult-people-alexandra-pallas/

Peer, M. (junio 6, 2019). Las diferencias entre la conciencia y el subconsciente. Marisa Peer. https://marisapeer.com/the-differences-between-your-conscious-and-subconscious-mind/

Potts, N. (diciembre 9, 2020). "Disciplina es elegir entre lo que quieres ahora y lo que más quieres". Abraham Lincoln. Www.linkedin.com. https://www.linkedin.com/pulse/discipline-choosing-between-what-you-want-now-most-abraham-potts/

Ribeiro, M. (Abril 9, 2019). Cómo ser mentalmente fuerte: 14 formas de desarrollar fortaleza mental.PositivePsychology.com. https://positivepsychology.com/mentally-strong/#improve

Ringer, J. (2019). Tenemos que hablar: Una lista paso a paso para las conversaciones difíciles. Judy Ringer. https://www.judyringer.com/resources/articles/we-have-to-talk-a-stepbystep-checklist-for-difficult-conversations.php

Romano, C. (mayo 26, 2014). 10 maneras de identificar tus talentos y utilizarlos. Lifehack. https://www.lifehack.org/articles/productivity/10-ways-identify-your-talents-and-utilize-them.html

Russell, T. (junio 27, 2021). Por qué la teoría del bucle del hábito puede cambiar tu vida en pequeñas cosas. Greatist. https://greatist.com/happiness/habit-loop#breaking-habits

Tardi, C. (Julio 7, 2022). Cómo aplicar la regla 80-20. Investopedia. https://www.investopedia.com/terms/1/80-20-rule.asp

Tet. (s.f.). 31 frases para inspirar buenos hábitos. Productive and Free.

https://www.productiveandfree.com/blog/31-habit-quotes

Torres, E. (Octubre 4, 2021). 99 frases positivas que puedes usar a diario. The Good Trade. https://www.thegoodtrade.com/features/positive-affirmations-morning-routine

Traugott, J. (agosto 26, 2014). Conseguir tus objetivos: Un enfoque basado en la evidencia. MSU Extension. https://www.canr.msu.edu/news/achieving_your_goals_an_evidence_based_approach

Vaughn, K. (junio 10, 2018). 5 cosas que debes decirte a ti mismo cuando quieras renunciar. Medium. https://kassandravaughn.medium.com/5-things-to-say-to-yourself-when-you-want-to-quit-b9e9be73ea54

Whitaker, A. (mayo 4, 2020). ¿Cuáles son tus talentos y habilidades naturales? (Artículo 4). Www.linkedin.com. https://www.linkedin.com/pulse/what-your-natural-talents-abilities-article-4-anne-whitaker/

Wilczek, F. (septiembre 23, 2015). La parábola de Einstein sobre la locura cuántica. Scientific American. https://www.scientificamerican.com/article/einstein-s-parable-of-quantuminsanity/#:~:text=%E2%80%9CInsanity%20is%20doing%20the%20same